사는 게 내 맘 같지 않을 때
힘이 되는 말

일러두기

• 이 책은 2016년 한 해 동안 「불교신문」에 연재된 '범수 스님의 즐거운 부처님 말씀'을 중심으로 저자가 이전에 썼던 글들을 수정·보완해 엮은 것입니다.

• 세상 이치와 부처님 가르침에 대한 바른 이해와 믿음 그리고 이를 바탕으로 한 바른 마음과 생활을 주제로 장을 나눈 것으로, 순서와 상관없이 관심 가는 주제부터 찾아 읽어도 됩니다.

범수 스님과 함께 읽는 부처님 말씀

사는게
내 맘같지
않을때
힘이되는
말

범수 지음

담앤북스

　　재작년 추석 무렵 마산의 어느 절에서 양양 낙산사 홍련암까지 걸어서 참배한 적이 있다. 인과법을 알기에 인욕으로 시작해서 원력으로 회향하기 위한 순례였다. 목적과 이유는 다르지만 옛사람도 걸었던 길을 홀로 걸어서 홍련암 앞 관음의 바다에 '나'를 던지는 것으로 회향했다. 그 일 이후 BTN의 '열린법회'에서 법문을 하게 되었는데, 그때 마산의 불자들이 버스를 빌려 서울까지 올라와 동참했다. 돌이켜 보면 그들과 함께 불전佛前에 공양 올리던 사 년간의 세월은 희망이었으며 행복이었다. 유원지화되다시피 한 사찰을 청정 도량으로 가꾸고, 불교대학을 통해 신행 생활의 체계를 세우며, 사찰 소재 관내 모든 초중고에 매년 장학금을 지급하는 등 사찰과 불자로서의 역할에 신심을 다했기 때문이다.

　　그런 정성을 서로 알고 있는 불자들과 마지막 법회의 촬영을 마치고 내려오던 길, 「불교신문」 기자의 전화를 받았다. 기자는 초심자를 위한 불교 교리에 관한 글을 연재해 달라고 했다.

처음에는 사양했는데, "현장에 가까이 있는 분이 더 잘 알 것 같아서요"라는 한마디에 마음을 바꾸었다. 2000년 초반 군민 전체 수가 이만 명이 조금 넘는 곳에서 사찰 주지 소임을 본 적이 있다. 신라시대 창건된 고찰이었으나 일 년 중 법회는 딱 네 번 있었고, 신도 수는 열 손가락도 안 되었는데 환갑을 훌쩍 넘긴 보살님이 가장 젊었다. 그런 상황에서 연합 불교대학의 개설은 쉬운 일이 아니었다. 하지만 부처님을 인연으로 모인 스님들과 불자들의 화합은 여러 장애를 환희로 바꿔 놓았다.

불교대학에 모인 사람들은 교리 수업이 진행될수록 '믿고' '바라는' 단계를 넘어 부처님 가르침을 직접 실천하는 불자가 되었다. 합창단과 봉사단 등을 결성해 지역 사회에 자비행을 실천하기 시작한 것이다. 이러한 변화를 통해 불교를 바라보는 내외부의 시각에 큰 변화가 생겼다. 당시 그런 상황을 취재했던 「불교신문」 기자가 그 일을 기억하고선 전화를 한 것이다.

그렇게 인연이 되어 범어사의 소임을 보면서도 엉성한 글이지만 일주일에 한 편씩 일 년 동안 원고를 썼다. 처음에는 무슨 이야기를 어떻게 할까 고민하다가 방향을 정했다. 낙산사까지 걸으면서 고민하던 것에다 평소 스스로 정한 원칙을 따르기로 한 것이다. '나는 수행자이지 부처가 아니니 근거에 입각해 말하고 내 얘기를 쓰자'는 나름의 방식이다. 그리고 가능한 화석死句에서 벗어나 살아活句 있는 글을 쓰려고 『백유경』 같은 형식을 염두에 뒀다. 글을 쓰기 위한 글이 아니라 부처님 가르침을 일상에서 찾고자 한 것이다.

　그래서 불교와 비불교의 기준인 삼법인三法印(무상·무아·열반)을 뿌리로 삼고 여러 경전과 논서에 소개된 부처님 말씀을 줄기로, 일상의 이야기를 잎사귀 형식으로 달았다.

　그 사이에 언뜻 보일 과실을 따는 것은 '독자의 몫'이라는 생각으로 연재를 마무리하던 중 출판사의 제안을 받고 그간의 글들을 수정 보완해 이 책을 내게 되었다.

꿀벌은 꽃의 종류나 모양에 아랑곳하지 않고 꿀만 딴다. 독자들도 이 책을 그런 마음으로 읽었으면 한다. 손 가는 대로 아무 쪽이나 펴서 마음 편하게 봐도 되고, 어딘가에 던져 놓았다가 기억나면 다시 읽어도 좋다. 그러다가 조금이라도 마음에 와 닿는 부분이 있으면 이 책은 접고, 직접 경전을 펼쳐 보기 바란다. 분명 더 큰 힘을 얻을 수 있을 것이다.

정유년 중춘 금정산하 범어사에서

범수梵水 합장

차례

1장 이것이 있기 때문에 저것이 있고

2장 의심이 많은 사람은 무엇이나 이루지 못하며

3장 마음은 흐르는 물과 같나니

4장 입을 바르게, 몸을 바르게, 마음을 바르게

1장

이것이 있기 때문에
저것이 있고

인과인가,
운명인가

●

모든 괴로움과 즐거움은 인연을 좇아 난다.
『잡아함』

　　한때 알고 지내던 어느 불자가 "부처님 명호를 따라 읽으면서 일
배 일 배 절을 하는데 스님 법명과 같은 명호가 나와서 그 부처님께
만 두 번 절을 했습니다"라며 밝게 웃었다. 그분이 들으면 서운하겠
지만 그때 들었던 심정을 딱 한마디로 정리하면 '중생심'이다. 달리
말하면 좋고 싫은 것을 자기중심적으로 판단해서 좋은 것은 가지려
하고 싫은 것은 버리려는 집착인 것이다.

　　누구에게나 있는 좋고 싫은 감정의 근원은 애지중지하는 자신

이라서 매우 주관적이다. 그리고 그 성향이 너무 강하면 대상을 있는 그대로 보기 힘들어진다. 자신이 좋으면 그냥 옳다고 하거나 싫으면 무조건 틀렸다고 하는 식이기 때문이다. 그러면 자연히 번뇌가 따를 수밖에 없다. 이처럼 자기를 말미암아 일어난 일의 인과 관계는 본인에게서 찾아야 한다. 그렇지 않고 외부로 돌린다면 주인공으로서의 삶을 스스로 포기하는 것이다. 그래서 외부 존재에 매달려 속죄를 바라거나 그냥 숙명처럼 받아들이기도 한다.

괴로움과 즐거움, 행복과 불행은 인연성

중생이 겪는 고통이나 즐거움은 다양할 것이다. 그러나 그 어떤 것도 『잡아함』 비뉴가전연경에서 말하는 인연법을 벗어나지 않는다.

모든 괴로움과 즐거움은 인연을 좇아 난다.

짧은 글이지만 고통의 원인뿐만 아니라 해결 방안까지 제시하고 있다. 그것은 괴로움이나 즐거움이 조건을 따라 생기하고 소멸하는 인연법이라는 얘기다. 즉 행복이나 불행은 관념 속에 존재하는 신 같은 우상에게 빌어서 이뤄지는 것이 아니다. 이에 대해 『대지도론』 등에서는 다음처럼 말한다.

미혹迷惑의 세계에서 이루어지는 행위는 모두 인연에 속한다. 그러므로 지혜로운 사람은 하늘에 의지하지 않는다.

인연으로 말미암은 불행은 그 원인을 찾아 제거하면 고통 역시 사라진다. 마치 병의 증세에 따라 근원을 치료하면 완쾌되는 것처럼 말이다. 그러나 여전히 자신이 겪는 일을 '인과 법칙'이 아닌 '우연'이나 '운명' 그리고 '숙명' 등으로 받아들이는 사람도 있다. 그러면서 각각의 개념을 혼동하기도 한다. 예를 들면 '그 사람과의 인연은 우연히 이뤄졌지만 마치 숙명과도 같은 운명이었다' 하는 식이다. 그렇다면 먼저 사전에서 우연, 숙명, 운명, 인연, 그 각각의 개념을 간단히 살펴보자.

우연偶然이란 아무런 인과 관계 없이 뜻하지 않게 일어난다.

숙명宿命이란 인생이나 세상의 모든 것은 선천적으로 결정되어 있어서 초월할 수 없다.

운명運命이란 이 세상 모든 것이 초인간적인 위력에 의하여 조성되고 지배된다.

인연因緣이란 조건으로 말미암아 발생한다.

우연, 숙명, 운명, 인연의 정의에 '행복(불행)'을 주어로 각각 넣어 보자.

우연 → 행복은 아무런 인과 관계 없이 뜻하지 않게 일어난다.

숙명 → 행복은 선천적으로 결정되어 있어서 초월할 수 없다.

운명 → 행복은 초인간적인 위력에 의하여 조성되고 지배된다.

인연 → 행복은 조건으로 말미암아 발생한다.

의도대로 만들어 가는 삶

고통이나 불행을 우연으로 생각하는 사람은 "에이 재수가 없어서…"라고 반응한다. 숙명으로 여기면 "아이고 내 팔자야…"라고 탄식한다. 운명으로 받아들이면 "믿습니다"라며 허구적인 존재에 매달린다. 하지만 인연으로 헤아리면 "인과응보구나" 할 것이다. 어떤 가치관을 가졌는가에 따라 문제를 받아들이는 자세와 해결 방법이 다르다. 따라서 고통이나 괴로움을 우연, 숙명, 운명, 인연 등의 입장에서 보면 이럴 것이다.

우연 → 이리저리 피하려는 요령만 익힌다.

숙명 → 체념한다.

운명 → 허구의 존재에 매달려서 구원만 탄원한다.

인연 → 원인을 파악해서 스스로 벗어나려 노력한다.

매년 맞이하는 부처님오신날. 선남선녀들이 부처님 탄신을 기뻐하며 각자의 염원을 담은 연등을 달 것이다. 올해만큼은 마음속에 부처님의 가르침을 담은 지혜의 등도 하나씩 켜면 어떨까.

생로병사의
시간을 잘 쓰는 법

●

욕심을 인하여 집착이 있고 집착을 인하여 질투가 있고
질투를 인하여 지킴이 있고 지킴을 인하여 보호가 있다.
보호가 있음으로 말미암아 칼과 막대와 송사가 있어 무수한 악을 짓는다.
「잡아함」

    우리의 일생을 생로병사 네 단계로 나눠서 '사산四山'이라고도
한다. 이는 무상無常의 핍박을 산에 비유한 것으로 출생, 노쇠, 병환,
죽음 어느 것 하나 뜻대로 되지 않기에 고통스럽다는 의미다. 사산
의 내용을 보면 먼저 젊음이 파괴되는 노산老山, 건강이 무너지는 병
산病山, 목숨이 끝나는 사산死山, 부귀영화가 다하는 쇠모산衰耗山이
다. 여기서 잠깐 개인적으로 좋아하는 신라 원효 스님과 사복의 이
야기를 하면 이렇다. 사복의 어머니가 돌아가시자 원효 스님은 망
자를 위해 축원하였다. "태어나지 말라. 죽는 것이 괴롭다. 죽지 말

라. 태어나는 것이 괴롭다." 이 말을 들은 사복이 "글이 너무 번거롭다" 하자 스님은 글을 고쳐서 다시 이렇게 말하였다. "죽고 사는 것이 괴롭다."

생사는 누구나 겪는 과정이지만 어떤 이는 주로 선행을 닦고 어떤 자는 자주 악행을 저지른다. 선행이나 악행 모두 행위라는 관점에서 보면 업業이다. 이런 행위로 말미암아 현재의 모습이 형성되므로 자신을 돌아보면 아쉬운 점도 있을 것이다. 특히 위산대원 선사가 경계한 상황이라면 더더욱 그럴 것 같다.

"하루아침에 병으로 누우니 병석의 온갖 고통이 얽혀 핍박을 당함에 조석으로 헤아려 생각해 봐도 마음은 혼란하고 앞길이 망망하여 죽은 후에 어디로 갈지 알지 못한다. 이로부터 비로소 허물을 뉘우치지만 목말라 샘 파는 격이니 어찌 하겠는가. 일찍이 수행하지 않다가 나이 들어서야 여러 과오와 허물 많은 것을 한탄하며 죽음에 임해서는 두려워 몸부림치며 어쩔 줄 모른다."

『증일아함』 사의단품에 아난다와 부처님이 주고받은 이야기가 있다. 그 내용을 요약하면 이렇다. 한때 금과 은으로 장식되었던 파사닉 왕의 화려한 수레가 부서진 채 한쪽에 버려져 있었다. 그것을 본 아난다가 "옛날에는 아름다웠지만 지금은 보잘것없다"고 하자 부처님이 생로병사에 빗대어 다음과 같이 말씀하셨다.

아! 이 늙음과 병과 죽음이 사람의 젊었던 몸을 무너뜨리는구나!
처음에는 그렇게도 좋았었는데 지금은 죽음의 핍박을 받고 있구
나. 비록 백 년 동안 오래 산다 하여도 마침내는 모두 죽음으로 돌
아가거니 이런 근심과 괴로움을 면할 길 없어 모두 다 이 한길로
돌아가리라. 안으로 이 몸뚱이가 지닌 모든 것 죽음의 핍박을 받는
것처럼 밖으로 저 모든 사대四大 모두 본래 없었던 데로 돌아간다.

출생하는 순간 늙음과 병듦, 죽음의 틀을 벗어나 숨을 곳은 아무
데도 없다. 그리고 그다음도 마찬가지라서 생사의 여정으로 끊임없
이 이어진다. 이것을 생사윤회라 하는데 이런 사실을 받아들이든
못 받아들이든 어리석음 때문에 고통을 반복하는 구조다. 그 관계
를 불교에서는 '십이연기十二緣起'로 설명한다. 그 일부를 『장아함』
대연방편경에서 빌리면 다음과 같다.

좋아함은 받아들임을 말미암고 받아들임을 인연하여 좋아함이 있
다. 좋아함을 인하여 구함이 있고 구함을 인하여 이익이 있고 이익
을 인하여 씀이 있고 씀을 인하여 욕심이 있고 욕심을 인하여 집착
이 있고 집착을 인하여 질투가 있고 질투를 인하여 지킴이 있고 지

킴을 인하여 보호가 있다. 아난아, 보호가 있음으로 말미암아 칼과 막대와 송사가 있어 무수한 악을 짓는다.

생사의 모습은 업, 즉 자신의 행위에 달려 있어

어리석음에서 생사로 이어지는 가운데 우리가 행하는 선악의 행위를 묶어서 간단히 '업'이라 한다. 그러나 개개인의 업, 즉 심신의 활동은 사람마다 다르므로 죽음을 맞이하는 정황도 다르다. 『대비파사론』에서는 이를 네 가지로 나눈다.

먼저 재물은 남았으나 목숨이 다한 경우다. 단명이라 적선하여 복지을 겨를도 없이 그저 생활을 위해서 재물만 모으다가 수명이 다하여 재물만 남긴다. 둘째, 재물은 소진하였으나 수명이 남은 상태에서 죽음을 맞는 경우다. 생계의 경영을 잘하지 못해 적은 재물과 수명만 남았는데 그 재물마저 다 써 버려서 굶어 죽거나 추위로 고통받다가 죽음에 이른다. 셋째, 재물과 수명이 다한 죽음이다. 단명의 업을 짓고 재물을 경영하는 데도 능숙하지 못해서 수명도 다하고 재물도 다한 경우다. 넷째, 재물과 목숨이 다하지 않은 죽음이다. 장수할 업을 짓고 재물 경영도 잘해서 재물과 수명이 다하지 않았으나 다른 인연으로 홀연히 횡사한다.

『사십이장경』에는 이런 말이 있다.

부처님께서 제자에게 물었다.

"사람의 목숨이 얼마 동안에 있느냐?"

제자가 대답하였다.

"며칠 사이에 있습니다."

부처님께서 "너는 도에 능하지 못하다" 하였다.

그러자 다른 제자가 이렇게 대답하였다.

"밥 먹는 사이에 있습니다."

이에 역시 "도에 능하지 못하다" 하였다.

다시 다른 제자에게 묻자 "숨 쉬는 사이에 있습니다" 하였다.

부처님께서 "훌륭하구나. 너는 도를 닦는 이라고 할 수 있다" 하였다.

목숨은 호흡과 호흡 사이에

개개인의 일생을 생로병사라는 틀에서 보면 모두 같지만 각자의 목숨은 한 호흡에 달려 있다. 그러므로 생로병사가 순차적으로 진행되더라도 길고 짧음은 저마다의 행위에 따라 달라진다. 따라서 단명과 장수의 차이가 생긴다. 이렇듯 무상하고 신속한 생사의 가르침이 우리에게 남기는 교훈은 '시간을 헛되게 보내지 말아야 한다'는 것이다. 위산대원 선사는 이것을 다음과 같이 말하였다.

"이 몸은 사대四大를 부지하였으나 항상 서로 어기고 등지는 까닭에 무상하게 늙고 병드는 것이 나와 더불어 기약하지 않는다. 아침에 있다가도 저녁에 없어지면 찰나에 세상을 달리한다." 그러므로 "한 찰나에 숨을 돌리면 곧 내생來生인데 어찌 편안히 있으면서 헛되게 지낼 수 있겠는가."

물이 얼고
녹는 이치

●

여래는 두 극단을 떠나 중도中道를 말한다.
이른바 이것이 있기 때문에 저것이 있고,
이것이 없기 때문에 저것이 없다.
『잡아함』

탐욕으로 점철된 중생심으로는 세상과 사물을 있는 그대로 보기 어렵다. 그것은 각자의 관점에서 헤아리기 때문이다. 『대명삼장법수』에서는 이것을 일수사견一水四見의 비유로 설명하는데 간단히 소개하면 다음과 같다.

'똑같은 물이라도 천신은 보배로 장식된 곳, 인간은 물, 아귀는 피고름, 물고기는 보금자리로 여긴다.'

즉 대상은 하나지만 견해에 따라 개념과 의미가 달라지는 것이다. 그렇다면 공동의 정의나 개념은 사회적 약속에 불과할 뿐이다.

이런 약속들이 모여 체계를 갖추고 학습되는 과정에서 커다란 관점이 형성될 텐데, 그 가운데 '있다'와 '없다'를 들어서 '중도中道'에 대한 이해를 돕고자 한다.

있다 vs. 없다를 벗어난 중도

'있다'는 상견常見은 세계가 상주불변하고 자아도 불멸해서 사후의 자아 역시 소멸되지 않고 현재의 모습으로 상속된다는 상주론常住論이다. 이 같은 주장은 '모든 것은 인연의 성품을 따른다'는 이치에 배치된다. 즉 영원이나 상주라는 말은 과거, 현재, 미래에 항상 존재해서 생멸변화하지 않는다는 뜻이므로 모든 것이 변한다는 무상無常의 이치에 반한다.

'없다'는 단견斷見은 세상과 나는 단멸로 돌아간다는 단멸론斷滅論이다. 이것은 나와 세간이 한 번뿐이라는 것으로 인과 상속의 이치를 거스른다. 이처럼 '영원'이나 '단멸'로는 일체 현상을 있는 그대로 보거나 설명할 수 없다.

상견인 '있다'와 단견인 '없다'에 대한 불교의 입장은 중도다. 『잡아함』 천타경에 "세상 사람들은 혹은 있다 혹은 없다는 두 극단에 의해서 미혹하다" 하였는데 이런 미혹에서 벗어난 것을 중도라 한다. 경전의 내용을 조금 더 인용하면 다음과 같다.

세간의 모임을 참답게 바로 관찰하면, 세간이 없다는 소견은 생기지 않을 것이요. 세간의 멸함을 실답게 바로 관찰하면, 세간이 있다는 소견은 생기지 않을 것이다. 여래는 두 극단을 떠나 중도를 말한다. 이른바 이것이 있기 때문에 저것이 있고, 이것이 없기 때문에 저것이 없다.

있다와 없다는 단순히 존재의 유무有無만을 말하는 것이 아니다. 일체 만물의 현상이나 특성(특질)을 가리키는 것이기도 하다. 예를 들면 다음과 같다. '얼음은 성질이 차갑고 단단하다'라고 할 때, 차갑고 단단한 성질을 '얼음의 자성自性'이라거나 줄여서 '자성이 있다' 또는 그냥 '자성'이라고 한다. 이같이 모든 존재에 '자성', 즉 변하지 않는 본성이 있는 것처럼 보이지만 실상은 인연의 성품이라서 조건을 따라 변한다. 물이 얼었다 녹기를 반복하는 것도 이 때문이다. 만약 이런 사실을 인정한다면 그것은 곧 인연을 인정하는 동시에 자성을 부정하는 것이다. 즉 무자성無自性의 긍정이다. 이를 간단히 공空이라고도 하는데 '일체의 존재는 실체가 아니다'라는 의미를 담고 있다. 여기서 '실체'란 '스스로 존재한다'는 뜻으로 상대相對를 부정하는 절대絶對라서 인연성을 부정하는 것이다. 마치 건물이 일 층 없이 이 층이 홀로 있다는 말과 같다. 반면 인연성이란 1에 1을 더하면 각각의 1은 사라지고 2가 되므로 2는 본래부터 2가 아니며 고정된 것도 아니라는 의미다.

공하다는 것 또한 가명일 뿐

일체 만물은 인연의 성품을 따르기에 실체가 없다는 측면에서 달리 '공'이라 하지만 그렇다고 또 전혀 없는 것도 아니다. 그러므로 잠시 존재한다는 의미에서 '유假有'라 한다. 즉 '유'라 하더라도 절대의 '유'가 아니며, '공'이라 하더라도 절대의 '무無'가 아니다. 『반야심경』의 표현을 빌리면 이렇다.

색色은 공空이며 공은 색이다.

이것을 풀어서 말하면 다음과 같다.

색色(물질과 현상)은 실체가 아니라 인연을 따르는 무자성이라서 '공'이며 그 의미는 '중도'다. 이같이 어느 한쪽에 치우치지 않은 중도를 나타내는 방식은 크게 직관적인 것과 분석적인 것, 두 가지가 있다. 여기서는 이해를 돕기 위해 양식의 차이만을 소개하고자 한다. 먼저 '유무' '인연' '공' '중도' 등의 용어를 쓰지 않고도 그 의미를 나타낸 『오등회원』의 직관적인 표현은 이렇다.

산을 보면 산이고, 물을 보면 물이었다. 그러다 뒷날 산을 보니 산이 아니고, 물을 보니 물이 아니었다. 그러나 오늘 마음이 쉰 자리에서 전처럼 산을 보니, 단지 산이고 물을 보니 단지 물이다.

산이나 물이나 할 것 없이 모두 인연의 화합이다. 이것을 다시 '인연' '공' 등의 불교 용어를 빌린 『중론』의 분석적인 표현으로 보면 다음과 같다.

인연으로 존재하니 그것을 공이라 하나, 이 또한 가명이며 중도의 뜻이다.

젊음도 권세도
덧없는 것

●

모든 중생은 다섯 가지를 믿는다.
그 다섯이란 첫째는 젊음을 믿으며, 둘째는 아름다움을 믿고,
셋째는 세력을 믿으며, 넷째는 재주를 믿고,
다섯째는 귀한 종족임을 믿는 것이다.
『출요경』

누구나 자신의 힘으로 삼는 뭔가가 있을 것이다. 믿는 구석이 있
으면 어떤 상황에서도 안심되기 때문이다. 그렇게 힘이라고 믿는
것이 권력이나 재물일 수도 있고 가치나 신념일 수도 있다. 그 가운
데 진리가 아닌 것을 진리로 믿어 나와 남을 동시에 괴롭히는 경우
도 있다.

예를 들면 조건으로 말미암아 발생한 것은 모두 인연의 속성이
라서 생멸변화를 겪는다. 그런데도 자신보다 대상의 생멸 기간이
길다는 이유로 그것이 영원하다고 고집을 부리기도 한다. 하루살이

를 생각하면 쉽게 이해될 것이다. 또 선악은 서로를 포함한 '상대' 개념인데 '절대'의 선과 악을 운운하기도 한다. 이것은 마치 동전이 양면이 아니라 한 면이라고 우기는 것과 같다.

요즘도 '무상無常'을 '영원'으로 '인연'을 '창조'로 믿는 사람이 있다. 즉 진리가 아닌 것을 진리로 믿는 것이다. 그리고 진리로 믿던 것이 진리가 아닌 줄 알게 되어도 체면 때문에 말을 바꾸며 계속해서 진리라고 억지를 부리기도 한다. 마침 『중아함』 비사경에 이런 태도를 풍자한 이야기가 있다. 그것은 자존심 때문에 잘못된 생각을 고집하는 사람을 돼지 왕에 비유한 것으로 그 내용을 간추려 소개하면 다음과 같다.

돼지 무리를 이끌고 가던 돼지 왕이 호랑이를 만났다. 돼지 왕은 '싸우면 반드시 나를 죽일 것이요. 겁을 내서 달아나면 친족들이 나를 업신여길 것이다' 하는 생각에 고민하였다. 그래서 "싸우고자 하면 싸우고, 그렇지 않으면 내게 길을 열어 주어 지나가게 하라"고 호랑이에게 말했다. 이 말을 들은 호랑이는 "싸우자는 말은 듣겠지만 너에게 길을 열어 줄 수 없다"고 했다. 그러자 돼지는 다시 "그러면 기다려라. 조부 때의 갑옷을 입고 올 테니 그때 싸우자" 하였다. 이 말을 들은 호랑이는 "내 적수가 되지 않는데 하물며 조부의 갑옷이겠는가?" 하며 "네 마음대로 하라" 하였다.

돼지는 똥물에 뒹굴어 온몸에 똥을 바른 뒤 나타나서 호랑이에게 "싸우든지 아니면 길을 터 달라" 하였다. 호랑이는 그것을 보고 "내가 항상 작은 벌레를 먹지 않는 것은 이빨을 아끼기 때문인데 이 더러운 돼지를 가까이 하겠는가?" 하고선 돼지에게 "너에게 길을 열어 준다. 너와는 싸우지 않는다" 하였다. 그러자 돼지는 게송으로 이렇게 말하였다.

"호랑아, 너도 네 발이 있지만 나에게도 네 발이 있다. 너는 오너라. 나와 함께 싸우자. 무슨 생각에 무서워 달아나느냐."

호랑이도 게송으로 답하였다.

"네 털이 곤두서니 빽빽하구나. 모든 짐승 중에 제일 못난이 돼지야, 너는 어서 가거라. 그 구린 냄새 견딜 수 없다."

그러자 돼지는 "마갈과 양 두 나라엔 내가 너와 서로 싸운다고 소문이 났다. 너는 오너라. 나와 함께 싸우자. 무엇이 무서워 달아나느냐" 그러자 호랑이가 "온몸은 물론 털까지 더럽구나 돼지야, 너의 냄새 내게 물들라. 네가 싸워서 이기기를 구한다면 나는 이제 너에게 승리를 주리라" 하였다.

열흘 붉은 꽃은 없다

우리가 뭔가를 믿고 의지하는 것은 자신을 잘 보호하기 위해서다. 그래서 각자의 상황에 따라 힘으로 삼는 종류도 다양할 텐데 그

것이 무엇이든 간에 재난과 불행을 피하고 안심과 풍요를 바란다는 점에서는 같다고 할 수 있다. 그 가운데는 권력도 있을 것이다.

권력을 손에 쥐면 그 속성상 누구든지 무소불위의 힘을 써 보고 싶을 것이다. 뭐든지 막상 하고 나면 별것 아닌 줄 알지만 그 전까지는 해 보고 싶은 것이 중생심의 특성이라서 그렇다. 그렇게 자기의 힘이라고 철석같이 믿어도 '열흘 붉은 꽃 없다'는 말처럼 오래가지 못하는 것은 주지의 사실이다. 그래서 한때의 힘만 믿고 자만해서 멋대로 했다면 그에 따른 인과응보와 맞닥뜨려야 한다. 이렇게 중생이 믿고 의지하는 것을 『출요경』에서 다섯 가지로 정리하였다.

> 모든 중생은 다섯 가지를 믿는다. 그 다섯이란 첫째는 젊음을 믿으며, 둘째는 아름다움을 믿고, 셋째는 세력을 믿으며, 넷째는 재주를 믿고, 다섯째는 귀한 종족임을 믿는 것이다. 지금 그대들은 소곤거리기도 하고 크게 웃기도 하는데 대체 무엇을 믿는가.

경쟁 관계에서 믿는 구석이 있으면 타인보다 유리한 뭔가를 하나 더 가진 것 같아 마음이 든든하겠지만 과신하면 소홀한 부분도 생기게 마련이다. 마치 자신의 힘만 믿고 타인의 능력을 보지 못하는 것과 같기 때문이다. 그래서 지혜로운 이는 세력이 번성할수록 인연의 도리를 따라 쇠퇴하는 무상을 동시에 살핀다. 그렇기 때문에 "유리하다고 교만하지 말고 불리하다고 비굴하지 말라"는 『잡보장경』과 같은 가르침을 마음에 새기지만 그렇지 못한 이들도 있을 것이다. 그들의 행태를 '중생이 믿는 다섯 가지'와 묶어서 이야기하면 이렇다.

첫째, '젊음'을 과신하고 혈기 왕성한 것을 힘 삼아 마음대로 행동하므로 늙어 쇠약해지는 핍박을 돌아보지 못한다.

둘째, 단정한 '외모'를 힘 삼아 아양을 부리면서 창피함을 몰라 추함의 부끄러움을 생각하지 못한다.

셋째, 강성한 '세력'을 믿어 멋대로 위압과 복덕을 자행하고 사람을 능멸함에 거리낌이 없으므로 쇠퇴할 때 닥칠 재앙을 생각하지 못한다.

넷째, 뛰어난 '재주'로 자신을 높여서 남을 가볍게 여기므로 겪게 될 화를 돌아보지 못한다.

다섯째, 종족이 귀하고 지체 높아 건방을 떨면서 마음대로 타인을 업신여기므로 패망하였을 때를 생각지 못한다.

사바세계는 즐거움과 괴로움 반반

위의 글을 '성'하고 '쇠'하는 상호 관계에서 보면 지극히 평범한 말이다. 어리석은 자는 이러한 이치를 몰라 행여 '성'의 기간이 길어 '쇠'의 기미가 보이지 않으면 영원히 '성'할 것이라고 생각한다. 그러나 '성쇠'는 이미 서로를 포함한 상대 개념이기에 '성'하면 '쇠'하고 '쇠'하면 '성'하기 마련이다. '성'이 영원하다면 '쇠'하지 않을 것이며 '쇠'가 항상하다면 '성'하지 않을 것이기 때문이다.

'무상'이란 영원하지도 항상하지도 않다는 뜻이다. 이 세상에서 그 무엇보다 소중한 '자신'도 무상의 이치를 따르므로 생멸변화를 겪을 수밖에 없다. 중생심은 이런 사실을 알면서도 '성'하면 즐겁고 '쇠'하면 괴로워 일희일비한다. 이처럼 성쇠의 고락이나 선악의 인과가 교차하는 속에서 뭇 생명들이 사는 이곳을 '사바'라 하는데 '참고 견뎌야 한다'는 뜻이다. 즉 '즐거움은 적고 고통이 많은' 사바 세계이기에 『잡보장경』에서는 이렇게 말한다.

> 지혜로운 사람은 이익을 얻어도 교만하지 않고 이익을 잃더라도 비굴하거나 불평하지 않으며 (중략) 때의 맞고 틀림과 힘이 있고 없음을 살피고 부귀와 성쇠를 잘 관찰하라.

무상이란
세상을 있는 그대로 보라는 것

●

비록 귀천은 다를지언정 허깨비 같은 몸에는 구별이 없으므로
세월이 가면 누구든지 늙는다.
『비파시불경』

실없는 짓을 하거나 빈둥거리는 사람을 힐난하는 말 가운데 하나가 "사대육신 멀쩡해가지고…"이다. 흔히 '사대四大'란 우리 몸을 일컫는 말이지만 물질의 요소를 가리키는 용어이기도 하다.

물질의 구성을 지수화풍地水火風의 사대로 나누면 다음과 같다. 먼저 지地는 견고해서 보호하고 지키는 작용, 수水는 습한 것으로 모아 가지는 작용, 화火는 따뜻해서 성숙시키는 작용, 풍風은 움직임으로 생장시키는 작용이다. 우리의 몸도 이런 사대가 화합한 것이어서 손톱이나 치아는 '지', 체액이나 혈액은 '수', 온기는 '화', 호흡

이나 움직임은 '풍'에 속한다. 이러한 사대가 조화롭지 못하면 병이 생기고 흩어지면 사망에 이른다.

죽음이란 만물이 생멸변천하는 과정으로 수명이 다한 것이다. 이때 목숨, 체온, 심식이 상실되어 변괴가 이루어지기 시작하는데 당사자의 관점에서 보면 이보다 더 슬픈 일이 없을 것이다. 그러나 관찰자의 입장에서 보면 '생과 사'는 그저 일체 만물이 겪는 과정 가운데 하나일 뿐이다.

가장 사랑스러운 자신도 무상한 존재

불교에서는 '사상四相'으로 일체 만물의 변화를 설명하기도 한다. 이 말의 요점은 '무상無常'으로, 다음과 같다.

만물은 여러 조건, 즉 인연을 따라 생겨나고生 머물고住 변하며異 소멸하는滅 생주이멸生住異滅과, 성립하여成 머무르고住 파괴되어壞 사라지는空 성주괴공生住壞空을 거친다. 이것은 무상의 이치를 나타내는 분석적 방법이다. 이런 식으로 만물을 네 단계로 구분 짓고 설명하는 것은 지혜로운 사람을 위해서다. 바른 이치를 듣거나 보기만 해도 바로 알기 때문이다. 그러나 대체로 흐드러지게 핀 꽃이나 왕성한 세력을 보면서 동시에 '소멸'을 떠올리기는 쉽지 않다. 그래서 뭐든지 쇠망하고 나면 그제야 무상을 느끼는 것이다.

『비파시불경』에서는 생주이멸을 생로병사와 연결해 설명하는

데 그 가운데 '늙음'만 요약하면 다음과 같다.

> 오온五蘊으로 이루어진 허깨비 같은 우리 몸의 사상四相이 바뀌어
> 서, 갓난애로 시작하여 어느덧 장성하고 늙어 버린다. 그래서 눈이
> 어둡고 귀가 어두워지며 몸과 마음이 쇠약해지게 마련인데, 이것
> 을 늙음이라 한다.
> 누가 면할 수 있는가?
> 비록 귀천은 다를지언정 허깨비 같은 몸에는 구별이 없으므로 세
> 월이 가면 누구든지 늙는다.

우리는 무상 속에 있으면서 영원을 꿈꾸곤 한다. 생명을 가진 존
재라면 모두 그럴 것이다. 그러나 중국의 오달 국사가 지었다는 시
를 보면 생각이 깊어진다.

> 꽃피니 가지 가득 붉음이요.
> 꽃 지니 가지마다 허공이네.
> 오직 한 송이만 남았으니
> 내일이면 바람 따라 가리라.

무상과 연기의 진리 속에서 자유를

무상의 이치를 아는 것과 나이는 별 관련이 없는 것 같다. 오달 국사는 다섯 살 때 위의 시를 지었으나 진시황은 불로장생의 약초를 구해 영원히 살고자 했기 때문이다. 이런 사실을 토대로 생각해 보면 무상을 겪으면서도 받아들이지 못하는 경우가 있는 반면, 알려주지 않아도 스스로 체득하는 경우도 있는 것이다. 마치 생로병사의 근원을 해결하기 위해 모든 것을 내려놓은 부처님처럼 말이다.

그런데 불교에서 말하는 무상을 잘못 이해하는 경우도 있다. 화려한 것이 초라하게 변하거나 파괴되는 것을 보고 슬퍼하는 심정적 무상으로 이해하는 것이 그것이다. 그러나 불교에서 말하는 무상은 사상적 무상으로, 일체 만물을 있는 그대로를 바로 보라는 뜻이다. 이러한 관점을 무상관無常觀이라 하는데 『증일아함』 비상품의 글을 인용하면 이렇다.

나는 너의 근본을 알려 하나니
마음은 생각에서 생겨났구나.
내가 만일 너를 생각하지 않으면
너는 곧 없어 존재하지 않는다.

지금 이 자리가 명당, 내가 바로 주인공

●

"부귀를 누리거나 빈궁에 허덕이는 사람도 있고, 어리석거나 슬기로운 사람도 있습니다.
이런 차이는 어떤 인과응보입니까?"
부처님께서 말씀하셨다.
"중생이 지은 인연에 따라 차이가 나서 그 얻는 결과도 각기 다르다."
『우바새소문경』

우리가 살고 있는 광활한 공간과 무한한 시간을 개념화한 간지로 보면 올해는 닭의 해로서 정유년이다. 이것은 예측 가능한 삶을 위해 시공간을 정해진 방법에 따라 나눈 것이다. 우주의 질서를 살펴 방위와 절기를 정하고 가치나 제도 등을 공유하는 것은 지속 가능한 공동체 생활을 위해서다. 우리는 이런 환경에서 타인과 영향을 주고받으며 삶을 스스로 만들어 간다. 그러나 개념화된 좁은 틀에서 벗어나 시야를 넓히면 우주와 함께하는 자신을 볼 수 있다. 그것은 다양한 가치에 따라 인위적으로 규정지어진 '내'가 아니라 있는 그대로의 '나'이다.

내 삶의 주인공은 바로 나

나와 우주는 별개가 아니라 유기체적인 관계다. 마치 한 포기의 잡초도 온 우주가 동참해서 키운 것처럼 한순간도 우주와 떨어진 적이 없다. 그러나 일상에 갇히면 이런 사실을 쉽게 망각해 버린다. 자연의 변화를 직접 체감하기보다 만들어진 개념에 익숙한 것도 한 이유일 것이다. 설사 그렇더라도, 알든 모르든 우리는 각자의 삶을 재단하는 주인공이다. 그런데 혹자는 삶이 뜻대로 되지 않는다는 이유로 어느 순간 자신의 삶을 절대 타자에 의해 통제되거나 예정된 것으로 받아들인다. 이런 사고는 지구가 사십오억 년의 진화를 거쳤다는 자연과학적인 견해와도 상충된다.

만약 뭔가 하려고 할 때 그 주체가 자신이라면 길흉화복도 결국 본인에 의해 결정되는 것이다. 이는 자신의 행위에 따라 삶을 창조하는 것으로 불교에선 '인과因果'로 설명한다. 그 이치는 선인낙과善因樂果, 악인고과惡因苦果, 자업자득自業自得이다. 간단히 요점만 말하면 이렇다. '원인에 합당한 결과가 따르므로 자신의 행위에 따라 그 영향을 돌려받는다.' 단지 원인과 결과의 관계 속에서 기쁘거나 슬프거나 또는 망각하거나 불신할 뿐이지, 인과의 이치는 물체에 그림자가 따르는 것처럼 분명하다. 『법구경』에 이런 구절이 있다.

> 남을 때리면 얻어맞고 원한 살 짓을 하면 원한을 사게 되고 남을
> 욕하면 욕을 먹고 성을 내면 남도 네게 성을 내리라. 요사스러운
> 사람도 복을 만난다. 그 악행이 익지 않을 때까지는, 그러나 그 악
> 행이 익음에 미쳐서는 스스로 죄를 받아야 한다. 상서로운 사람도
> 재앙을 만난다. 그 선행이 익을 때까지는, 그러나 그 선행이 익음
> 에 미쳐서는 반드시 그 복을 받게 된다.

바로 '지금 여기에서' 함께할 것

우리는 어떤 계기가 생겼을 때 새로운 각오나 다짐을 하고선 그
것을 이루기 위해 노력한다. 그러면서 아쉽고 후회스러운 일에는
반성을, 만족스러운 일에는 성취감을 느낄 것이다. 이렇듯 각자는
자기 모습을 스스로를 결정짓고 평가하는 주체다. 따라서 그 어떤
것과의 비교에서도 최우선시되는 '자기' 때문에 타인과 경쟁하면
서 갈등을 빚기도 한다. 일반적으로 혈연, 지연, 학연 등의 인연과
나이, 외모, 재산, 학력 등의 개별적인 업으로 서로를 평가하며 우열
을 가리기 때문이다.

그러나 시야를 '내'가 아닌 '우리'로 넓히면 '타인과 별개로 고
립된 내'가 아니라 '더불어 조화된 우리'를 어렵지 않게 볼 수 있다.

이것을 불교에서는 공통의 과보, 즉 공업共業이라 하는데 이런 측면에서 새로운 한 해를 보면 다 함께해야 할 삶의 시간이다. 그러나 각자의 관점에서 '분별적' 사고로 보면 '좋다'거나 '나쁘다'는 식으로 평가할 수 있다. 그렇게 매사를 자신의 관점으로 구분 지어 주위를 둘러보아도 우주는 그저 우주일 뿐, 그 어디에도 좋고 나쁜 것은 없다. 그것은 자신의 행위에 따라 정해지기 때문이다. 그렇듯이 시공간을 포함한 열두 간지에서 닭의 해는 본래부터 닭의 해가 아니라 다만 우리가 임의대로 정해 놓은 것으로 우리 삶의 전부를 포함한 지금이다.

어제는 어제의 지금이었으며 내일은 내일의 지금이다. 그 가운데서 열심히 정진하는 그날이 좋은 날이며 그 자리가 명당으로, 지금 모습으로 서 있는 각자가 자기 삶의 주인공이다.

잘못된 인식이
번뇌를 낳는다

●

미혹한 사람은 경계 위에 (자기) 생각을 두고
(그) 생각 위에 곧 (스스로) 삿된 견해를 일으키므로
그것을 반연하여 모든 번뇌와 망령된 생각이 일어나느니라.
『육조단경』

　　풀 속에서 뱀처럼 생긴 것을 보면 사실 여부와 관계없이 순간 두려움을 느낄 것이다. 그러나 그것이 뱀이 아니라, 식물 껍질로 꼰 노끈이라면 공포는 이내 사라진다. 일상에서 이와 유사한 경험을 한 적이 있을 텐데, 불교에서는 본체와 현상에 대한 올바른 인식을 설명하기 위해 이 같은 비유를 들곤 한다. 말이 어렵다면 아무래도 필자의 표현력 부족이겠지만 그래도 굳이 설명을 이어간다면 다음과 같다.

　　우주와 나에 대해서 '있다'거나 '없다'는 식의 어느 한쪽에 치우

친 주장을 접할 때가 있다. 어느 쪽이든 요점을 들어 간단히 말하면 인연의 이치를 간과한 것에 지나지 않는다. 우주 만물은 상호 의존적 관계 속에서 생멸하므로 있는 듯해도 고정된 실체가 아니어서 인연이 다하면 소멸되고, 없는 듯해도 인연이 화합되면 생기하는 방식으로 존재하기에 그렇다. 그러므로 인연의 현상에서 중도中道의 이치를 보지 못하면 이분법적 관점에서 '있다'거나 '없다'는 식의 치우친 주장을 하게 된다.

'있는 그대로' 보는 시각 필요

불교의 '중도'에 대해서 혹자는 상대적인 것의 중간 정도라는 개념으로 받아들인다. 결론부터 말하면 이는 올바른 이해라고 하기 어렵다. 예를 들면 해수면이 거울처럼 잔잔하거나 파도가 집채만 하게 일어도 바다는 조금도 늘어나거나 줄어들지 않는다. 그것은 외형적으로 보면 수면과 파도의 움직임이 서로 다른 것 같아도 본질적 입장에서는 모두 바다로서 차이가 없기 때문이다. 이처럼 있는 그대로의 바다를 보지 못하면 파도나 물결의 현상만으로 '바다'를 이해할 것이다. 즉 본질은 등한시한 채 일시적 현상에만 천착하는 것이다. 마치 모든 논리의 형식상 타당성을 먼저 주장하는 형식 논리학처럼 말이다.

홀로 깊은 산속을 걷다가 혼자 있는 낯선 여인과 마주쳤을 때

'필시 저것은 사람이 아닐 거야' 하는 생각이 들면 무서울 것이다. 만약 이런 상황에 처했다면 번뇌를 줄이기 위해서라도 자신의 인식에 오류가 없는지 살펴볼 필요가 있다. 이를 '불교의 논리학'으로 불리는 삼지작법三支作法 형식으로 대충 살펴보자.

삼지작법은 인식의 과정을 단계별로 나눠서 살피는 것이다. 먼저 추론해서 판단을 이끌어 내기 위한 명제命題를 세운다. '저 여자는 귀신이다.' 다음은 판단의 이유를 따진다. '왜냐하면 산에 홀로 있으니까.' 이러한 판단과 이유를 토대로 '산에 홀로 있는 여자는 귀신이다'라는 결론에 이른다. 그리고 타당성을 뒷받침하기 위해 '예를 들면 구미호와 같다'는 비근한 근거를 제시한다. 이처럼 명제와 이유를 합쳐 내린 결론이라고 해도 무조건 합리적이라고 보기에는 어렵다. '여자라고 항상 여럿이 함께 산에 가는 것은 아니'므로 혼자라는 이유만 가지고 사람이 아니라고 단정하기에는 논리적 근거가 부족하기 때문이다.

이 일을 삼량三量, 즉 자기 앞에 나타난 대상을 인식하는 세 가지 형식인 현량現量, 비량比量, 비량非量으로 살펴볼 수도 있다. 먼저 눈에 상대하는 색色(물질)을 보는 것은 현량이며 곧이어 '사람' '여자' 기타 등으로 추론하는 것은 비량比量이다. 그런데 이 비량이 타당하지 못해서 사람을 사람으로 보지 못하고 딴 것으로, 즉 '귀신' 등으로 착각하면 비량非量이 된다. 삼량 가운데 현량은 언어와 생각을 떠나 있는 그대로 인식하는 것이다. 다르게 말하면 직접적인 지각으로 분별 이전의 단계다. 비량比量은 이미 아는 사실을 기반으로 추론하여 지각하는 것이고, 비량非量은 그릇된 지각과 추리다.

이 같은 삼량은 전통적으로 연기의 비유로 설명하는데 간단히 말하면 이렇다. 가령 먼 산에 연기가 나는 것을 보면 불이 났을 것이라 추론할 수 있다. 그러나 구름을 연기로 착각한 것이라면 틀린 판단이 된다. 일상의 일을 예로 들면, 아내가 남편의 흰 와이셔츠에 밴 빨간색 자국을 보고 "자신의 감은 정확하다"며 코를 킁킁거리면 번뇌가 시작되는 것이다. 하지만 빨간색 자국은 남편이 점심에 먹다 튄 김칫국물일 수도 있다.

욕심이 화를 부른다

상대가 잘못된 인식을 하도록 유도해 이익을 도모하는 방법은 다양하다(그것이 합법적인가, 아닌가의 문제는 여기서는 논외로 친다). 예를 들면 운동선수가 경기 규칙에 저촉되지 않는 한도에서 속이는 동작feinting을 취하는 것이다. 축구에서 현란한 드리블로 상대의 실수를 유발하거나 야구에서 투수가 타자를 현혹하는 마구魔球를 던지는 것 등이다. 군사 작전에서 거짓 정보나 심리전으로 적군을 혼란에 빠뜨리는 것도 예로 들 수 있다. 또 경제 분야에서 기업이 과장 광고로 소비자를 현혹하는 것도 같은 사례다. 기업들이 광고를 통해 자사의 제품을 구입하면 행복해질 것 같은 착각을 일으키게 하거나 복용만 하면 무병장수 할 것 같은 생각을 유발시키는 것이다. 사기꾼들도 상대의 인식 오류를 유도해 이익을 도모한다. 예를 들어 법정 금리가 일 퍼센트 대인데도 "십 퍼센트의 이자를 주겠다"며 접근하는 것이다. 만약 이런 말을 듣고 욕심으로 판단이 흐려져 돈을 덥석 맡기면, 이러한 판단 오류는 곧 그의 즐거움이 된다.

인식의 오류로 겪게 될 고뇌를 줄이려면 있는 그대로 지각하는 현량과 비교해서 아는 비량에 신중해야 한다. 그리고 자기중심적인 욕심이 앞서는 순간 곧장 번뇌로 이어진다는 점은 반드시 유념해야 한다. 이것을 『육조단경』을 빌려 말하면 다음과 같다.

미혹한 사람은 경계 위에 (자기) 생각을 두고 (그) 생각 위에 곧 (스스로) 삿된 견해를 일으키므로 그것을 반연하여 모든 번뇌와 망령된 생각이 일어나느니라.

뿌린 대로 거두는 건
차별 아닌 평등

●

단명할 업을 지으면 단명의 과보를 받고,
장수할 업을 지으면 장수의 과보를 받는다.
병의 업을 지으면 병이 많게 되고,
병에 안 걸릴 업을 지으면 병이 없게 된다.
『앵무경』

평등의 의미를 흔히 다음과 같이 설명한다. '신분, 성별, 재산, 종족 등에 관계없이 인간의 기본적인 가치는 모두 동등하다.' 여기에는 이론異論이 없으나 만약 '평등'을 '동일'과 같은 개념으로 본다면 혼란이 초래될 수 있어서 염려스럽다. 어떤 것과 비교해서 똑같다는 개념인 '동일'이 '평등'이라면 그것은 '무차별'이 되기 때문이다. 또한 '차이'와 '차별'에 대한 고민도 필요하다. 차이는 '서로 같지 않고 다름'이다. 그리고 차별은 '둘 이상의 대상을 각각 등급이나 수준 따위의 차이를 두어서 구별함'이다. 윤리와 도덕적 가치를 기반으로 하는 현실에서는 행위에 따른 결과가 확연히 다르기 때문에 평등과 동일, 차이와 차별의 뜻을 잘 헤아려야 한다.

평등이 곧 동일은 아니다

길을 걸으면서 들은 짧은 이야기 한 토막이다. 살생을 많이 한 누군가가 심적 고통에 못 이겨 스님에게 "저 좀 살려 주십시오"라며 도움을 간청했다. 그러자 스님은 "네가 죽인 생명 다 살려 놓은 다음에 다시 오너라" 하였다고 한다. 함축된 내용이라서 곱씹을수록 생각의 범위가 넓어진다.

내 목숨이 중하면 타인의 생명도 중하다. 평등의 적절성을 따지려면 행위에 상응하는 결과도 따져야 한다. 그래서 공정성의 입장에서 평등을 일단 '차별적' 평등이라 하자. 그러면 '불평등' 운운하며 '무차별' 평등을 주장하는 이들도 있다. 그런 이들은 어떤 이해관계에서 그러는 것이 아닐까 싶다. 달리 말하면 행위에 따른 차이를 거론하는 것은 공정성의 평등, 즉 '차별'인데 당사자들은 자신들의 유리함과 불리함에 따라 '무차별' 평등을 주장하는 것이다. 설사 본질적 관점에서 그것을 받아들인다 하더라도 현상에서는 차이가 있어야 한다. 마치 물과 파도가 본질적으로 동일하더라도 현상적으로 상이한 것과 같다. 물을 보고 파도라고 하지 않을 뿐더러 파도를 보고 물이라고도 하지 않는다. 그러므로 공정한 차별이란 행위 주체가 아니라 행위 자체를 두고 하는 말이다. 이것을 원인과 결과에 따른 '차별'로 보면 선한 원인에는 좋은 결과가, 악한 원인에는 괴로운 결과가 따르는 인과응보. 즉 선행과 악행은 동일하지 않아서 그에 따른 결과 역시 차이가 나는 것이다. 노력의 여부나 정도에 따라 성패가 달라지는 것도 행위에 따른 공정한 차별이다. 인과 법칙에서 차별이란 곧 공정한 평등으로, 『앵무경』의 내용을 빌리면 다음과 같다.

> 단명할 업을 지으면 단명의 과보를 받고, 장수할 업을 지으면 장수의 과보를 받는다. 병의 업을 지으면 병이 많게 되고, 병에 안 걸릴 업을 지으면 병이 없게 된다. 천하게 될 업을 지으면 천한 과보를 받고, 귀하게 될 업을 지으면 귀한 과보를 받게 된다. 가난하게 될 업을 지으면 가난한 과보를 받고, 부유할 업을 지으면 부유한 과보를 받는다. 바르지 않은 지혜를 얻을 업을 지으면 바르지 않은 지혜의 과보를 받고, 진실한 지혜를 얻을 업을 지으면 진실한 지혜를 얻는다.

행위에 따른 공정한 차별이 곧 평등

귀천의 행위(원인)에 따라 귀천의 고락(결과)을 받는다는 것에는 더 이상의 설명이 필요치 않을 것이다. 이치가 이러한데, 천한 행위를 하고도 귀한 대접을 받으려는 것은 몰라서 그런 것일까? 자신의 악행에 타인을 거론하며 동등한 평등을 주장하기도 하는데, 이에 대해 앞서 인용한 경전에서는 다음과 같이 말한다.

중생들은 자기가 행한 업을 말미암아 그 업에 따라 과보를 얻는다. 업을 인연하고, 업을 의지하여, 업에 따른 장소에서 중생은 그 업으로 높아지기도 하고 낮아지기도 하며, 묘하고 묘하지 않은 곳을 따른다.

자신의 행위는 돌아보지 않고 본질적 평등을 주장하는 것은 중생이라서 그럴 것이다. 욕락 가운데 음식욕이나 수면욕도 그렇다. 먹는 것과 자는 것을 싫어할 사람이 어디 있을까? 그러나 '적절함'을 모르는 이는 욕구를 충족하기 위해 그릇된 방법을 쓰기도 한다. 인과응보가 따른다는 것을 알면서도 벌이는 이러한 '중생심'을 『중아함』천사경에서는 다음과 같이 힐문한다.

너는 지각이 있을 때, 죽음을 떠나지 못하므로 마땅히 몸과 입과 뜻의 선한 업을 닦자고 왜 생각하지 않았던가? 너의 악업은 누가 한 것이 아니라 스스로 악과 선하지 않은 업을 지었다. 그러므로 너는 이제 마땅히 갚음을 받아야 한다.

공덕은
선행으로 쌓는 덕

●

어떤 것을 선근을 아는 것이라고 하는가?
탐욕, 성냄, 어리석음이 없는 것은 선근이라고 아는 것이니,
이것이 선근을 아는 것이다.
『중아함』

공덕이란 공능攻能과 복덕으로서 선행을 통해서 얻어지는 좋은 과보다. 흔히 공덕을 이야기할 때 '선근善根 공덕'이라 하는데 이것은 바른 방법으로 쌓아야 한다는 뜻이다. 올바른 수단과 방법으로 공덕을 짓기 위해서는 먼저 선善과 선근善根뿐만 아니라 불선不善과 불선근不善根에 대해서도 바르게 알아야 한다. 이에 대해『중아함』 대구치라경의 내용을 요약하면 다음과 같다.

어떤 것을 불선을 아는 것이라고 하는가? 이른바 몸, 입, 생각이 짓

는 악행은 불선이라고 아는 것이니, 이것이 불선을 안다는 것이오. 어떤 것을 불선근을 아는 것이라고 하는가? 이른바 탐욕, 성냄, 어리석음은 불선근이라고 아는 것이니, 이것이 바로 불선근을 아는 것이다.

탐욕, 성냄, 어리석음 없는 것이 선근

우리의 악한 행위는 불선이며 탐욕, 성냄, 어리석음은 선하지 못한 법의 근본이다. 달리 말하면 공덕은 불선으로 지을 수 없다는 뜻이다. 그리고 선과 선근에 대해서 다음과 같이 말한다.

어떤 것을 선을 아는 것이라고 하는가? 몸, 입, 생각이 짓는 조화로운 행은 선이라고 아는 것이니, 이것을 선을 아는 것이라 하오. 어떤 것을 선근을 아는 것이라고 하는가? 탐욕, 성냄, 어리석음이 없는 것은 선근이라고 아는 것이니, 이것이 선근을 아는 것이다.

선이란 선한 행위이고, 선근이란 삼독심三毒心, 즉 탐욕과 성냄 그리고 어리석음이 없는 것이다. 대구치라경에서는 선과 선근에 대해 또 이런 말도 남겼다.

선과 선근을 알았다면 이른바 견해를 성취하여 바른 견해를 얻고 법에 대해서 깨지지 않는 청정함을 얻어 바른 법 가운데 들어간다.

이상 앞에서 거론한 것에 설명을 덧붙이면 선과 불선은 행위, 작용, 의지 등의 심신 활동인 업의 개념이다. 즉 악행은 불선이 되며 선행은 선이 되는 것이다. 그리고 선근과 불선근은 탐욕 · 성냄 · 어리석음이라는 세 가지 번뇌의 유무에 따라 나뉜다. 이렇듯 자신의 행위에 따라 선과 불선이 나뉘므로 불선에서 선에 다다르면 성인이 되는 법에 드는 것이고, 선에서 불선에 이르면 중생으로 머무르는 것이다. 요약하면 행위자가 변하는 것이 아니라 행위에 따라 달라진다는 내용이다. 이것을 『소실육문』의 글에 빗대어 보자.

뱀이 용이 되더라도 그 비늘을 바꾸지 않으며, 범부가 성인이 되더라도 얼굴을 고치지 않는다.

선행의 방법과 시기도 잘 살펴야
선과 선근에 대해 바른 견해를 가졌다면, 자신과 타인이 동일하다는 관점에서 일으키는 동체대비同體大悲까지는 아니더라도 현세 이익을 바라며 선행을 베풀고자 할 것이다. 인과의 이치에 따라 선업에는 즐거운 과보가 따르므로 이는 자연스러운 것이다.

이 관계를 정리하면 올바른 공덕을 쌓기 위해서는 악행과 선행을 구별해서 악행을 떠나 선행으로 닦아야 한다. 무턱대고 선행을 베푼다며 도둑의 망을 봐 주고 강도에게 흉기를 쥐어 줄 수 없는 노릇이기 때문이다. 즉 선행에도 방법의 적절성과 때의 알맞음을 살피는 지혜가 필요하다. 또 자신에게 어울리는 방법도 살펴야 한다. 마치 까치발을 하면 하체가 불안정해지듯이 공덕도 정도를 벗어나면 그 의도가 불분명해지기 때문이다.

자비의
참뜻

●

남을 죽여 저를 살린다면 재앙이 끝없을 것이고,
자비로워 죽이지 않을 때는 세세생생 근심이 없으리라.
『법구비유경』

사람들과 대화하다 보면 불교 용어에 대해 '서로 다르게 이해하
는 것이 아닐까?' 하는 의문이 들 때가 있다. 그것은 용어에 대한 정
의 때문이다. 하나의 용어에 대한 개념이 다르다 보면 생각과 표현
이 달라지고 이로 인해 오해도 생긴다. 그러한 용어 가운데 하나가
'자비'다.

자비를 '방관' '외면' '회피'와 같은 개념으로 이해하는 사람도
있다. 그것은 자신의 허물에 대해서만큼은 자비라는 이름으로 무조
건적인 관용을 요청하기에 그렇다. 본인의 잘못을 모른 척하거나 눈

감아 주면 대단히 자비롭다고 하고, 그렇지 않을 경우 무자비하다고 까지 말한다. 단정적으로 말하면 이 또한 중생심의 한 단면이다.

잠깐 화제를 딴 곳으로 돌리면, 세상 사람들은 수행자를 어떻게 보는지 몰라도 수행자들은 그들의 소원이 이뤄지도록 축원하는 입장이라서 상대를 싫어하거나 좋아하는 등의 집착을 일으키지 않으려고 한다. 만약 어느 한쪽에 치우쳐 누군가를 예뻐하거나 미워하는 마음이라면 어떻게 평등하게 행복을 축원할 수 있겠는가? 다만 경책과 격려를 통해 두루 원만하게 공덕을 쌓게 할 뿐이다. 이것이 곧 평등에 바탕을 둔 '자비'의 개념이다. 그러므로 자기 종교의 스승에게 듣기 좋은 말을 들었다고 해서 우쭐거리거나 귀에 거슬리는 말을 들었다고 해서 서운한 감정을 가질 필요가 없다. 다시 '자비'와 '무자비'로 돌아가서 이야기해 보자.

자비는 중생을 올바르게 구제하려는 노력

국어사전에서는 자비를 다음과 같이 정의한다. '남을 깊이 사랑하고 가엾게 여김 또는 그렇게 여겨서 베푸는 혜택.' 어쩌면 이런 식의 단편적인 설명 때문에 자비의 개념이 와전되는 것이 아닐까 한다. 자비의 개념을 불교사전에서 조금 더 살펴보자.

자비慈悲에서 '자慈'란 상대에게 도움을 주는 것이고, '비悲'란 고통에서 구제하는 것이다. 이 말은 선한 행위자에게 도움을 주는 것이 '자'이고, 악한 행위자에게는 더 이상 악업을 짓지 못하도록 하는 것이 '비'라는 뜻이다. 『화엄경』에 이런 말이 있다.

> 그릇된 지혜를 지닌 중생에게 대비大悲를 일으키며, 악한 행동을 하는 중생에게 대비를 일으킨다.

그렇기 때문에 '중생의 고통을 보고 듣고 구원한다'는 자비의 화신인 관세음보살도 중생의 악행에 대해서는 찡그린 표정을 짓는다. 그것은 평등한 입장에서 중생을 구제하려는 방편이다. 십일면관세음보살은 꽃과 부처님 얼굴, 즉 불면佛面으로 장식된 화관을 쓰고 있다. 불면 가운데 정면은 미소慈를 띤 반면, 왼쪽은 눈을 부릅뜬悲 형상이다. 항상 온화한 자비의 미소만 지을 것 같은 관세음보살이 '눈을 부릅뜨고 있다'는 말은 어쩌면 생소할 것이다. 그러나 엄연히 그런 표정을 하고 있다. 그것은 악행을 저지르고 고통받는 중생을 악의 굴레에서 구제하겠다는 의지의 표현이다. 악행을 일삼는 자에게 먼저 비悲로 제도한 후, 자慈로 구호하는 것이다. 즉 악행을 그치게 한 뒤 공덕을 쌓게 하는 것으로 악행을 보고서도 구제하지 않거나 외면하는 것이 '무자비'다.

따라서 '자비'란 선악을 구분할 줄 몰라 고통에서 벗어날 기약이 없는 중생을 구제하는 것이다. 하지만 중생심은 이와 다른 것 같다. 잘못된 것이라도 이익이 되면 좋아하고, 옳은 것이라도 손해가 되면 싫어하는 것을 보면 말이다.

생사의 고해를
건너는 법

●

너희들 생각에는 어떠하냐.
항하恒河(인도 소재 강)의 많은 물은 큰 바다로 흘러 들어가는데,
그동안 흐른 물과 너희들이 과거 오랜 동안 나고 죽음을 돌면서
몸을 부수어 흘린 피와 어느 쪽이 많겠는가?
「잡아함」

"불교에서 추구하는 궁극적 가치가 무엇이라 생각하십니까?"

법회에 동참한 분들에게 이 같은 질문을 던지면 답변이 제각각
이다. 사찰 기왓장에 써 놓은 소원처럼 답변이 다양한 것은 불법佛
法을 믿고 따르는 이유가 같지 않다는 증거일 것이다. 그 가운데 '깨
달음'을 말하는 분에게 그러면 "왜 깨달아야 합니까?" 물으면 머뭇
거리지만, 거듭 질문을 던지면 경전 내용을 인용하며 모범 답안을
말하곤 한다.

"생사를 되풀이하지 않기 위해서입니다."

'더 이상 윤회하지 않기 위해서'라고 하는 분에게 그러면 "정말 다시는 사람 몸을 받고 싶지 않습니까?" 하면 "솔직한 심정으로는 경우에 따라 다르다"고 한다. 즉 좋을 때는 다시 오고 싶지만, 괴로울 때는 오기 싫다는 것이다.

생사의 고통을 만드는 건 자기 자신

좋을 때가 언제인지 모르지만 여래가 중생에게 측은한 마음을 갖는 것은 중생이 겪는 고통 때문이다. 즉 쾌락이 고통인 줄 모르는 중생에게 고통(생사)에서 행복(해탈)으로 가는 길을 직접 보이고 가르치며 타이른다. 이것을 『장아함』 대본경에서는 다음과 같이 말한다.

중생을 가엾이 여김으로써 이 세상에서 도를 이루어 네 가지 거룩한 진리로써 성문聲聞을 위해 연설하시니 괴로움과 괴로움의 원인과 괴로움을 멸한 상태의 진리로다. 거룩한 저 여덟 가지 바른 길로 안락한 곳에 중생을 인도하네.

그러나 중생은 일반적으로 '안수정등岸樹井藤' 이야기 속의 나그네처럼 위급한 상황을 모면하기 위해 언제 끊어질지 모르는 넝쿨에 매달려 있으면서도 달콤한 몇 방울의 꿀에 취해 그만 자신의 처지를 잊어버린다. 마치 무상한 살귀殺鬼 앞에서도 욕락에 미련을 버리지 못하는 것과 같다.

장미에 가시가 있는 것처럼 강렬한 유혹에는 대체적으로 독(번뇌)이 있다. 유혹誘惑의 혹惑 자는 정신이 혼미해지는 것으로 어리석어 알지 못한다는 의미다. 뭐든지 집착하면 실체를 제대로 보지 못할 뿐만 아니라 빠져나오기도 힘든데, 더군다나 유혹에 빠졌으니 벗어나야 한다는 사실조차 잊어버렸을지 모른다.

'쳐다보는 것은 괜찮겠지? 냄새 맡는다고 별일 있겠어? 살짝 맛만 보는데 탈이 날까?' 하면서 대상에 접촉하는 순간 정신이 아득해지고 황홀해서 꼼짝달싹 못하면 유혹의 덫에 걸린 것이라 할 수 있다. 사전에서 '혹'을 다음과 같이 설명하기 때문이다.

'혹은 번뇌와 같은 뜻이며 무명無明의 다른 이름이다. 그리고 신심이 번잡하고 어지러운 뇌란의 상태라서 깨달음의 심적 작용을 방해한다.'

이런 것이 한두 가지라야 억지로라도 벗어나려 해 볼 텐데 미혹은 그 종류도 많고 무엇보다 한번 중독되면 끌려다니는 특징이 있어서 좀처럼 헤어나기 어렵다. 그렇지만 유혹에도 자유자재해서 그것이 좋거나 싫거나 관계없이 마음대로 오고 갈 수 있으면 얼마나 좋을까. 그러기 위해서는 먼저 우리를 속박하는 것에서 벗어나야 한다. 아무리 크고 빠른 배라도 줄에 묶여 있으면 자유로울 수 없

는 것과 같기 때문이다. 그러면 누가 우리를 구속하고 무엇으로 얽
매는 것일까? 자기 스스로 굴레를 뒤집어쓰고 자신이 만들어 낸 번
뇌로 얽어맨 것 외에 달리 그 무엇이 있을까? 아무리 밖을 둘러보고
뒤져도 찾을 수 없다면 안을 살펴야 할 것이다. 그 이유를 간단히 말
하면 자기 삶의 주인공은 자신이라서 그렇다. 이런 관점에서 자신
의 모든 행위를 '업'이라 한다면 삶의 모습은 그 업을 따른다. 결국
자신의 행위에 따라 생사와 해탈로 나뉘는 것이다.

생사에서 벗어나는 깨달음

해탈과 상대하는 말인 생사를 달리 말하면 윤회다. 그래서 끊임
없는 생사를 바다에 비유하고 그 속에서 고뇌하는 것을 '생사고해
生死苦海'라 한다. 『잡아함』혈경에 생사윤회하면서 흘린 눈물과 바
닷물 가운데 어느 것이 더 많은지 묻는 내용이 있다.

중생들은 처음이 없이 나고 죽음으로부터 무명에 덮이고 애욕에 목
이 매여 과거 오랜 동안 나고 죽음을 반복하면서 괴로움의 맨 끝을
알지 못한다. 너희들 생각에는 어떠하냐. 항하의 많은 물은 큰 바다
로 흘러 들어가는데, 그동안 흐른 물과 너희들이 과거 오랜 동안 나
고 죽음을 돌면서 몸을 부수어 흘린 피와 어느 쪽이 많겠는가?

중생이 선악의 '인'과 번뇌의 '연'으로 윤회하는 것을 분단생사 分段生死라 하고 보살 등이 원력願力으로 생사하는 것을 변역생사變易 生死라 한다. 그러므로 완전한 깨달음이 아니면 오고 가는 것이 자유롭지 못하다. 이에 대해서 분분한 의견이 있을 수 있으므로 요약한 『법화경』의 내용으로 하려는 말을 대신하고자 한다.

여래께서 세상에 몸을 나타내시는 것은 일대사인연一大事因緣을 위한 것으로 중생으로 하여금 부처님의 지견을 열어開 청정함을 얻게 하고자, 부처님의 지견을 보이고자示, 부처님의 지견을 깨닫게悟 하고자, 부처님의 지견에 들어가게入 하고자 세상에 출현하신다.

'지혜의 눈'을
갖추려면

●

어떤 악도 짓지 않고 그릇된 법을 행하지 않게 하는 계율을 지녀라.
그리고 조금이라도 어기지 말고 '교만'이라는 번뇌를 버리며
또 '나', '나의 것'이라는 생각에도 집착하지 말라.
『증일아함』

사찰에 보면 부릅뜬 눈에 갑옷을 입고 손에 창이나 칼을 든 사천
왕상이 있다. 어릴 적에는 그 형상이 무서웠지만 지금은 그들의 역
할에 긴장하고 있다. 천왕이 중생의 선악을 사찰하고 부처님 법을
수호하는 선신善神이라서 그렇다.

각자의 역할을 짧게 소개하면 동쪽의 지국천왕은 자비로 중생
을 은근히 도와 안락과 이익을 얻게 하며 국토의 풍요를 관장한다.
남쪽의 증장천왕은 손에 보검을 들고 미소 짓는데 선악에 따른 상
벌과 화복을 관장한다. 서쪽의 광목천왕은 청정한 눈을 뜨고 상벌

로써 선악을 알게 하여 착한 마음을 일으키게 한다. 북쪽의 다문천왕은 복을 베풀어 재물을 얻게 한다.

하느님인 선신들 가운데 천안千眼이라는 범천이 있는데, 그 이름에서 알 수 있듯이 일천 세계를 손바닥 보듯이 하면서도 정작 자기가 입은 갑옷은 보지 못한다고 한다. 그 이유는 지혜의 눈이 없기 때문이다. 『증일아함』 화멸품의 내용을 소개하면 다음과 같다.

> 어느 범지가 '눈이 많은 범천이더라도 자신을 보지 못하는 것은 지혜의 눈이 없어서 그렇다'는 천안제일 아나율 존자의 가르침을 듣고서 "어떻게 하면 지혜의 눈을 가질 수 있습니까?" 하고 여쭈었다. 그러자 존자는 "어떤 악도 짓지 않고 그릇된 법을 행하지 않게 하는 계율을 지녀라. 그리고 조금이라도 어기지 말고 '교만'이라는 번뇌를 버리며 또 '나', '나의 것'이라는 생각에도 집착하지 말라" 하였다.
> 범지가 거듭 자세한 설명을 간청하자 존자는 다음과 같이 말하였다. "나라는 것은 '정신'을 말하고 나의 것이라는 것은 이 '형체'를 말한다. 거기서 '의식'이 생겨 '나'와 '나의 것'을 주장하는 것을 '교만'의 번뇌라 한다."

눈뜬장님 되기 싫으면 탐욕 다스려야

범지란 부처님 제자가 아닌 수행자를 통칭하는 말인데, 그는 존자의 가르침을 받은 뒤 곧 지혜의 눈을 갖추었다고 한다. 우리는 무엇을 보고도 제대로 알지 못하는 사람을 '눈뜬장님'이라 한다. 살면서 눈뜬장님이 되는 경우도 있는데, '지혜가 없어서' 그런 것이다. 그래서 탐욕으로 번뇌가 치성하고 옳고 그름을 망각한 채 함부로 하다 보면 마치 중국의 고사에 나오는 '사흉四凶'처럼 될 수도 있다. 『중국환상세계』에 묘사된 사흉을 인용하면 다음과 같다.

사흉은 모두 고대 제왕들의 후손들로서 보통 사람들보다 높은 지능을 갖췄으나 포악하다. 먼저 눈이 있어도 보지 못하고 귀가 있어도 듣지 못하는 혼돈渾沌은 평소에 일없이 멍하니 앉았다가 가끔은 자신의 꼬리를 물고 빙빙 돌면서 하늘을 쳐다보며 빙긋 웃는다. 성격은 몰래 흉악한 짓을 하며 음험하다. 그리고 흉악한 사람을 잘 따르나 덕이 있는 사람에게는 공격을 일삼는다.

둘째 도올檮杌은 '가르치기 곤란하다'는 의미의 난훈難訓이란 별명처럼 남에게 배우는 것을 모른다. 성격은 매우 거만하고 고집스러우며 항상 세상을 어지럽히는데 일단 싸우면 물러서는 일이 없어서 죽을 때까지 다툰다.

셋째 궁기窮奇는 싸우는 사람이 있으면 옳은 쪽 사람을 죽인다. 그리고 충성스럽거나 신의가 두터운 사람의 코를 베어 물면서도 악인이나 배신자에게는 짐승을 선물로 준다.

넷째 도철饕餮은 불교의 교리에도 자주 등장하는데 '도'는 재산을 '철'은 음식을 탐한다는 뜻이다. 별명은 성격 그대로 강탈과 능약(약자를 괴롭힘)인데 탐욕스러운 성질은 이리와 같고 재산 불리는 것을 좋아하나 쌓아 놓을 뿐 쓰지 않는다. 왕성한 식욕과 함께 남의 것을 약탈할 때 늙거나 약한 상대를 골라 빼앗고 습격할 때는 상대가 많으면 나서지 않다가 한 사람만 있을 때 덮친다.

이상 사흉을 간략하게 살펴봤는데 삼독(탐욕·성냄·어리석음)에 물들면 자신도 모르는 사이 그들을 흉내 낼지 모른다. 그럴 때 정법을 지키라고 부촉받은 천왕이 보검을 든 채 미소로써 우리를 살필 것이다. 그러므로 늘 자신이 부리는 탐욕을 돌아봐야 한다.

미얀마에서 만난 한국인 가이드

"그들은 불교를
아는 것 같습니다"

    몇 년 전 소임 때문에 미얀마로 성지 순례를 떠난 적이 있다. 그곳에서 현지인보다 더 현지인 같은 외모의 한국인 가이드에게 안내를 받았다. 처음에는 그가 한국인인 줄 몰랐다. 첫인상은 한국말을 잘하는 미얀마 사람 같다가도 미얀마 말을 잘하는 한국인 같았다. 그리고 말과 행동이 마치 승가의 일원처럼 자연스럽고 편안했다. 특히 차분한 어조와 깊이 있는 말은 책에서 봤거나 누군가에게 전해 들은 것이라고 하기 어려운 부분까지 넘나들었다. 그런 그에게서 수행자적 면모를 강하게 느꼈는데 '혹시 이전에 출가 생활을 하지 않았을까?'라는 궁금증이 늘 따라다녔다. 그렇다고 직접 물어보기도 어려워서 짐작만 하던 중, 그도 그런 분위기를 알았는지 어느 날 자신의 지난 세월에 대해 직접 이야기를 꺼냈다.

수행자의 향기 느껴지던 한국인 가이드

그는 중학생 때 부모님과 상의 끝에 미얀마 현지의 승단으로 출가했다. 그렇게 시작된 미얀마에서의 출가 생활 중 가장 힘들었던 것은 오후 불식(금식)이었다는 말을 듣는 순간, 웃음이 푸시시 나왔다. 승가에는 "부지런한 자는 오후 불식하지만, 게으른 이는 오전 불식한다"는 말이 있어서다. 오전에 불식하는 이유는 대부분 잠 때문이다. 하여튼 한창 성장할 나이에 오후 불식하면서 수행자의 길을 걷던 그는 군 입대 통지를 받고 한국에서 군 복무를 마친 뒤 다시 남방으로 되돌아가 출가 생활을 이어 갔다. 그러다 흔히 묶은 인연宿緣이라 일컫는 여인을 만나면서부터 '수행'과 '결혼' 사이에서 고민했다.

출가수행 도중 다시 세속으로 나가는 것이 죄악도 아니고 숨길 일도 아니기에 그 인연을 받아들이기로 결심한 그는 한국에 계신 어머니에게 그런 사정을 말했다. 그의 어머니는 날벼락을 맞은 듯 놀라며 단호히 반대했다. 어린 아들을 멀리 외국까지 보내서 출가시킨 사실을 보더라도 미루어 짐작할 수 있는 대목이다. 하지만 계속해서 이어지는 아들의 간절한 애원을 차마 뿌리치지 못했는지 "왜 하필이면 외국인 며느리냐?"며 반쯤 동의했다. 이 말에 용기를 얻은 그는 아버지에게도 말했다. 아버지는 어머니보다 더 완강했다. 처음엔 "내 눈에 흙이 들어가도 안 된다"며 서로 애만 끓이다가 결국 "결혼하더라도 자식은 낳지 말라"는 말로 분명치 않은 허락을 했다. 그렇게 세월이 지나서 아내가 임신을 하자 그는 멀리 남방에서 그 소식을 부모에게 전했고, 그의 부모는 축복을 하면서도 "그래 낳더라도 하나만 낳아라"라고 했다.

여기서 잠깐 나름대로 억측해 보면 아들이 수행자의 길을 중단한 것이 못내 아쉬웠던 부모는 아들이 다시 수행자로 되돌아갔으면 하는 바람을 가졌던 것이 아닐까? 그래서 처음엔 아이를 낳지 말라고 했다가 막상 며느리가 임신을 하자 한 명 정도는 당신들이 키워 줄 요량으로 "하나만 낳아라" 했을 것 같다.

그런데 아내가 출산하고 보니 쌍둥이였고 기쁜 마음에 부모에게 그 소식을 전했다. 그러자 그의 아버지는 침묵하다가 "너와 나는 금생에 수행자가 될 인연이 없는가 보다. 그러나 다음 생에는 반드시 수행자가 되어서 다시 만나자"고 했다.

부처님 가르침을 아는 것

평범하지 않는 그의 이야기를 듣는 동안 '장애'와 '발원'을 동시에 떠올려 봤다. 출가 뒤 수행자로서 삶을 회향하는 것이 결코 쉬운 일이 아니라는 것을 거듭 느꼈기 때문이다. 한편으론 모 방송국에서 방영됐던 '차마고도-순례의 길'에서 봤던 재가 불자들의 간절함이 떠올랐다. 방송 내용은 티베트 재가 불자들이 집에서 라사까지 약 이천 킬로미터를 오체투지로 순례하는 과정이었다. 식사와 절을 위한 간단한 도구만을 챙긴 그들은 걷기도 힘든 길을 오로지 절을 하면서 나아갔다.

그것을 보는 동안 이런 생각이 들었다. '나는 출가자라면서 너무 많은 것을 가지지 않았나?' 신심으로 가는 길이라도 장애가 따르기 마련인데, 가진 것이 많을수록 번거롭고 덩달아 번뇌도 치성할 것임을 알면서도 번잡한 자신을 돌아본 것이다. 만약 수행자가 '도가 높을수록 장애도 높아진다'는 말뜻을 안다면 가져야 할 것은 확고한 서원뿐일 것이다. 모든 성현이 그랬던 것처럼 말이다. 또 '믿는다'는 것만으로 서원이 이루어지기를 바라는 것은 아닌지 되돌아보면서 그에게 이런 물음을 던졌다.

"미얀마 사람들의 신행 생활은 어떤 것 같습니까?"

"그들은 불교를 믿는 것에 그치지 않고, 아는 것 같습니다."

그의 말 이면에는 믿음은 공덕의 원천이지만 믿는 것에 그치지 않고 부처님의 가르침을 직접 실천하기를 바라는 염원이 담겼던 것이 아닐까.

2장

의심이 많은 사람은
무엇이나 이루지 못하며

믿음은
신행의 첫걸음

●

의심이 많은 사람은 온갖 세간 출세간의 일을 무엇이나 이루지 못한다.
가르침을 의심하면 배울 수 없으며 스승을 의심하면 공경해 따르지 못하며
스스로를 의심하면 배울 기회가 없다.
『성실론』

성지 순례 중에 겪었던 일이다. 여정이 길어지면서 발걸음이 무
거워지기 시작했다. 새 신발을 신었는데 오래 걸어서 그런지 발이
부은 것이다. 그때 설악산 봉정암처럼 높은 곳을 오르던 연세 지긋
한 불자들을 떠올려 봤다. 불공을 드리려는 일념으로 가파른 길에
나선 그분들의 지극한 정성이 기억났기 때문이다.

여가 활동으로 하는 등산도 쉽지 않을 것이다. 그러나 부처님
께 올릴 공양물을 머리에 이고 산을 오르는 불자들은 오히려 편안
한 표정이다. 굵은 땀방울과 가쁜 숨을 내쉬는 모습이 고행처럼 보

일는지 몰라도 정작 당신들은 힘들어하거나 후회하는 기색이 없다. 그래서인지 허연 머리카락은 세월의 흔적이 아니라 온갖 화려함을 벗어 버린 탈속의 경지처럼 비춰진다.

이런 불자들을 보면서 신심 말고 다른 말을 떠올릴 수 있을까? 한편 내심 이런 생각도 들었다. '그 힘의 원천은 무엇이며 무슨 소원이기에 저토록 정성을 들일까?'

공덕의 처음도 신심

개개인이 꿈꾸는 바람은 사람 수만큼 다양하므로 낱낱의 소원을 알기 어렵다. 하지만 소원이 이뤄질 것이라는 바람은 믿음에서부터 비롯되었을 것이다. 성취에 대한 확고한 믿음이 없으면 그 어떤 정성도 기울이지 않을 것이기 때문이다. 그래서 신행의 첫머리도 믿음, 즉 신심이다. 또한 보살이 보리심菩提心(깨달음을 이루려는 마음)을 일으켜 수행 공덕으로 깨달음에 이르는 첫 단계도 신심이다. 이런 믿음을 『석마하연론』에서는 열 가지로 설명한다.

믿음에는 열 가지 뜻이 있다. 첫째는 정화하는 뜻이니, 심성을 청정하고 명백하게 하기 때문이다. 둘째는 결정하는 뜻이니, 심성을 순수하고 견고하게 하는 까닭이다. 셋째는 환희의 뜻이니, 온갖 걱정하는 괴로움을 제거하는 까닭이다. 넷째는 싫증이 없는 뜻이니, 게

으름을 없애는 까닭이다. 다섯째는 따라 기뻐하는 뜻이니, 남의 보살행에 동조하는 마음을 일으키는 까닭이다. 여섯째는 존중의 뜻이니, 온갖 덕 있는 사람을 가벼이 보지 않는 까닭이다. 일곱째는 따르는 뜻이니, 보고 배운 것을 따라서 어김이 없는 까닭이다. 아홉째는 무너뜨리지 않는 뜻이니, 마음을 오로지하여 잊지 않는 까닭이다. 열째는 믿고 바라는 뜻이니, 자비심을 성취하는 까닭이다.

신심의 특성을 이처럼 다양하게 밝히지만 간단히 정리하면 듣고 이해한 가르침을 믿고 지녀서 의심하지 않는 것이다. 그래서 의심 없는 마음인 믿음의 중요성을 여러 경전에서 곧잘 설명한다. 『대지도론』에는 '신심'을 '손'에 비유한 말이 있다.

부처님의 가르침을 잘 알더라도 신심이 없으면 마치 보배 산에 들어가더라도 손이 없어서 그 어느 것 하나 가질 수 없는 것과 같다.

이쯤에서 번잡하지만 '신심'을 '의심'으로 바꿔 보면 그 의미가 명확하게 다가올 것이다. '비록 부처님의 가르침을 잘 알더라도 의심하면 아무런 이로움이 없다.'

의심하면 아무것도 이룰 수 없어

믿음과 관련한 이야기에서 말하는 의심이란 인과의 도리가 진리인 것을 믿지 못해 머뭇거리는 것이다. 그러나 인과 법칙은 믿고 안 믿고를 떠나 낮은 데로 흐르는 물처럼 명백한 우주의 법칙이다. 달리 말하면 부처님의 가르침은 번뇌에서 해탈로, 생사에서 열반으로 이끈다. 이것을 확신하지 못하는 것은 인과의 이치를 모르거나 의심하는 것이라 할 수 있다.

만약 모른다면 아무래도 무지 때문일 것이다. 그리고 의심한다면 자신을 의심하고, 스승을 의심하고, 가르침을 의심하는 세 유형을 벗어나지 않을 것이다. 그러나 문제 해결을 위한 방법적 의심이 아니라면『성실론』의 가르침을 새겨야 할 것 같다.

의심이 많은 사람은 온갖 세간 출세간의 일을 무엇이나 이루지 못한다. 가르침을 의심하면 배울 수 없으며 스승을 의심하면 공경해 따르지 못하며 스스로를 의심하면 배울 기회가 없다. 이 세 가지 의심을 지니는 것은 불도佛道를 장애하는 근본이므로 결정한 마음을 일으켜 배우는 사람이라면 이 세 가지를 의심치 말아야 한다.

재가자의 길과
출가자의 길

●

재가자는 베풂으로써 길을 삼아 복을,
출가자는 수행으로써 길을 삼아 열반을,
보살은 바라밀로써 길을 삼아 불과佛果를 구한다.
『대지도론』

어감에 따라 느낌이 달라지는 말이 있다. 개인적으로 도道가 그 렇다. 사전에서는 '길, 도리, 사상' 등 스물여덟 가지 정도로 설명하 는데 그 가운데 '길'은 한마디로 표현하기 어려운 친근함이 있다. 그것은 '사람이나 동물 또는 자동차 따위가 지나갈 수 있게 땅 위에 낸 일정한 너비의 공간이 길이다' 하는 사전적 해석과 다른 뭔가가 있어서 그럴 것이다. 어쩌면 어릴 때 놀던 탱자나무 과수원 길, 방학 때면 뛰놀던 시골길, 그리고 주위를 두리번거리던 시장 길, 친구들 과 쏘다니던 마을 길 등은 추억이 배여서 그런 것이 아닐까.

오르막과 내리막은 하나의 길

지금 필자는 인욕으로 시작됐으나 원력으로 회향할 긴 여정의 길에 다시 나섰다. 출가자에게 길은 단순한 길 이상의 의미를 갖는다. 그런 길을 누군가는 바쁘게 지나다니고 또 누군가는 앉아서 그저 쳐다보기만 한다. 걷다 보면 너르거나 솔기도 하고 또 오르막길과 내리막길도 만난다. 너르다고 길을 다 차지하는 것도 아니고 솔다고 다니지 못하는 것도 아니다. 내리막이라고 저절로 내려오는 것도 아니며 오르막이라고 오르지 못하는 것도 아니다. 그런 길에서 이런저런 생각을 하다가 문득 90년대 중반의 기억이 떠올랐다.

금발의 유학생이 헤르만 헤세의 『싯다르타』라는 책을 선물하면서 다음과 같은 글을 써 주었다. 'The road up and the road down are one and the same(오르막과 내리막은 하나이며 같다).' 하나의 길을 두고 어느 쪽에서 보느냐 따라 달라질 뿐, 같은 길이라는 당연한 이야기 같지만 한번쯤 다시 생각하게끔 하는 글을 보면서 가만히 그를 쳐다봤다. 여러모로 불교와 연관 짓기 쉽지 않은 젊은 외국 여성이 어쩌면 이렇게 중도中道의 뜻을 잘 표현할 수 있을까, 라는 생각이 들어서였다. 그래서 물었더니 자기 나라에 있을 때 부처님의 가르침을 알고 불교 신자가 되었다고 하였다. 그래서인지 한국에서 또 다른 국적의 남자와 만나 혼인할 때 사찰에서 결혼식을 올렸다. 그리고 필자가 결제하던 지리산 어느 사찰에 남편과 함께

과일로 대중공양을 올렸다. 그런 그를 보면서 나 혼자만이 이 길을 걷는 것이 아니라는 지극히 당연한 사실을 되돌아보게 되었다.

교만을 버리고 지계에 따라 걸으면 그뿐

각자의 지계持戒(계율)에 따라 불도佛道에 들어서면 그 길을 따르는 것은 당연한 것인데 괜히 우쭐거리지 않았는지 반성했다. 어쩌면 사소한 것을 대단한 것처럼, 평범한 것을 특별한 것처럼 하지 않았을까? 또 신도가 그 역할에 충실한 것은 당연시하면서도 정작 자신의 본분은 등한시하지 않았는지 돌아볼수록 발가락이 점점 오그라들었다. 『니구타범지경』의 내용이 생각났기 때문이다.

니구타여, 그대들의 수행은 그 수행의 공로와 업적功業을 내세우려고 하나니, '내가 이와 같은 행을 닦으므로 국왕·대신·찰제리·바라문 등이 반드시 나를 존중히 여기어 공경하고 공양하리라'고 생각하느니라. 니구타여, 이러한 것이 곧 그대들이 수행하는 바에 따라 번뇌가 늘어나게 된다는 것이니라. 또 니구타여, 그대들이 비록 수행한다 하지만 자기가 수행하는 것을 믿고 스스로 장하다는 생각貢高相을 일으켜 남을 업신여기나니, 이것이 곧 그대들이 수행하는 바에 따라 번뇌가 늘어나게 된다는 것이니라. 또 니구타여, 그대들의 수행은 교만한 마음我慢心과 잘났다는 마음增上慢을 일으키나니, 이것이 곧 그대들이 수행하는 바에 따라 번뇌가 늘어나게 된다는 것이니라.(중략) 또 니구타여, 그대들의 수행은 내가 잘났다는 생각을 일으켜 '얻은 것이 있다는 마음을 내어 보지 못한 것을 보았다 하고, 하지 않은 것을 했다 하며, 얻지 못한 것을 얻었다 하고, 알지 못하는 것을 안다고 하며, 증득하지 못한 것을 증득하였다'고 하나니, 니구타여, 이것이 바로 그대들이 수행하는 바에 따라 번뇌가 늘어나게 된다는 것이니라.

『대지도론』을 보면 길에 대한 비유가 있다.

재가자는 베풂으로써 길을 삼아 복을, 출가자는 수행으로써 길을 삼아 열반을, 보살은 바라밀로써 길을 삼아 불과佛果를 구한다.

『구사론』에서는 '도'를 다음과 같이 설명한다.

열반으로 가는 길이고 열반의 과果를 얻기 위해 마땅히 의지할 것이다.

불교에서 말하는 '길'은 깨달음으로 가는 길이며 그 수행 방법을 가리킨다. 수행자가 길을 나섰다면 그런 길을 걸어야 할 것이다.

경전은
자신을 비추는 거울

●

너희들은 마땅히 법法과 법 아님非法,
이치義와 이치 아님非義을 알아야 하고
법과 법 아님, 이치와 이치 아님을 안 뒤에는
마땅히 법다움과 이치다움을 배워야 하느니라.
『중아함』

상대에게 할 수 있는 최상의 축원은 "성불합시다"일 것이다. 이 말은 서로가 깨달을 수 있는 존재라는 것을 믿으며 또 그렇게 되기를 바라는 발원이기 때문이다. 상호 신뢰가 없거나 의미를 모른다면 무슨 말이든지 건성에 지나지 않는다. 하지만 그렇지 않다면 진정성이 담겨 있어야 한다. 특히 공인의 위치에 있으면서 값싼 장사치들처럼 "밑지고 팝니다" 식으로 처신한다면 자신도 속이고 남도 속이는 것으로 세상을 어지럽힐 뿐이다.

사회 전체의 이익을 추구하는 것이 '공익'이라면 인간 생활의 고뇌를 해결하고 삶의 궁극적 의미를 추구하는 것은 '종교'라 할 수 있다. 그러므로 자신과 타인을 이롭게 하려면 먼저 언행이 허망하거나 구차하지 말아야 한다. 그렇기에 "참선해서 생사를 해탈하고자 한다면 무엇보다도 말이 성실해야 한다"고 하는 것이다. 또한 여러 선철先哲도 그런 관점에서 '자신의 마음을 속이지 말라' 하였다.

바른 말과 행동으로 부처님 가르침 실현

상업에 종사하는 분들은 이윤을 위해 다소 과장된 표현을 쓰더라도 사회 통념과 경제 윤리에 어긋나지 않게 상도덕商道德을 지킨다. 어느 집단이든지 자신들이 지향하는 가치를 위해 어떤 규범을 내세울 때는 사회 윤리를 따라야 한다. 아무리 거창하고 우아한 규범이라도 상식적 가치와 동떨어지거나 또 그 말을 하는 사람이 도덕적으로 심각하게 결여되었다면 반드시 경계해야 할 것이다. 그렇지 않으면 삿된 스승의 그릇된 가르침에 빠져 살인자가 된 앙굴리말라와 같은 신세가 될 수도 있기 때문이다. 앙굴리말라는 "신과 하나가 되기 위해서는 사람을 죽여야 된다"는 스승의 꾐에 빠져 사람을 살해하고 죽은 사람의 손가락을 잘라 목걸이를 만들었다. 이런 식의 잘못을 저지르지 않으려면 권위로 세탁하고 자본주의로 버무린 속신俗信 등을 마치 온전한 가르침마냥 혼용해서 혹세무민하는 것은 아닌지 안팎으로 두루 살펴야 하는 것이다. 삿된 가르침을 경계하는 경전 가운데 『중아함』 아이나경의 글을 보면 이렇다.

> 너희들은 마땅히 법法과 법 아님非法, 이치義와 이치 아님非義을 알
> 아야 하고 법과 법 아님, 이치와 이치 아님을 안 뒤에는 마땅히 법
> 다움과 이치다움을 배워야 하느니라.

위와 같은 관점에서 본다면 우리는 부처님의 가르침과 늘 함께
할 수 있으니 정말 다행이다. 정견正見과 사견邪見을 밝혀 놓은 대장
경이 있기 때문이다. 경전은 고통에서 행복으로 가는 길을 보여 주
므로 그 길을 따라 걷고자 한다면 먼저 믿음에 기반을 둔 교리 공부
가 필요하다. 즉 경전을 견해와 수행의 나침반으로 삼는 것이다. 그
러나 남이 하니까 무조건 나도 한다는 식이라면 장님 줄서기가 될
가능성이 농후해진다.

장님 줄서기란 앞사람이 장님인데도 뒷사람이 앞 사람의 얼굴
을 볼 수 없어서 그저 앞사람의 뒤만 따르는 것이다. 자기가 장님이
아니기에 앞사람이 장님일 것이라고는 꿈에도 상상하지 않기 때문
이다. 그러다 보면 눈뜬 사람이 장님을 따라다니는 꼴이 된다. 따라
서 이런 줄에 서지 않으려면 부처님의 말씀으로 늘 눈을 뜨고 있어
야 한다. 또한 세상을 살다 보면 지금 제대로 살고 있는지 누군가에
비춰 봐야 할 때도 있다. 그럴 때 기준으로 삼을 만한 사람을 쉽게

찾을 수 있을까? 어쩌면 이렇게 되물을 수도 있다. "도대체 누구에게 비춰 봐야 한단 말인가?"

『법구경』과 『백유경』이라도 늘 가까이

중생심으로는 자신을 비춰 볼 만한 대상을 찾고 인정하기가 쉽지 않을 것이다. 그러나 염라대왕의 업경대業鏡臺(전생의 업을 비춰 보는 거울) 앞에서도 당당하려면 더더욱 부처님 말씀으로 자신을 비춰야 한다. 그렇다고 많은 경전이 필요한 것은 아니다.

단 두 권만이라도 늘 가까이하면 좋을 것 같다. 먼저 『법구경』으로는 바른 견해를, 『백유경』으로는 어리석음을 비춰 보는 것이다. 그 이유를 『백유경』에 나오는 '재물 때문에 형이라 부른 남자'라는 글로 대신하면 이렇다.

부처님의 말씀을 훔쳐서 마치 자기 것마냥 떠벌리다가 사람들이 그대로 수행해 보라고 하면, 오히려 이렇게 말하는 것과 같다. "나는 재물 때문에 남을 형이라 부르는 것처럼 명리名利를 위해서 부처님의 말씀으로 중생을 교화하지만 실제로는 그것을 모르는데 어떻게 그대로 수행할 수 있겠는가."

깨달음이란
'팔정도'를 실천하는 것

●

우리의 바른 법과 율律 안에서 팔정도八正道를 얻지 못한 사람은
첫째 사문도 되지 못하고, 둘째 셋째 넷째 사문도 되지 못한다.
『잡아함』

'곽씨의 옛터郭氏之墟'라는 이야기가 있다. 내용을 간단히 소개하면 이렇다.

제나라 환공이 야외에 나갔다가 허물어진 옛 성각城閣을 보고선 "누구의 성인가?" 주위에 묻자, 어느 야인이 "곽씨의 성"이라 일렀다. 그래서 그에게 폐허가 된 연유를 묻자, "곽씨가 선을 좋아하고 악을 싫어했기 때문입니다" 하였다. 의아해진 환공이 "선을 좋아하고 악을 싫어하는 것은 당연한 것인데 그런 이유로 망하였다는 것은 왜 그런가?" 재차 묻자 다음과 같이 대답하였다. "선을 좋아하였

으나 실천하지 않았으며, 악을 싫어하였으나 그치지 않아서 그렇습니다."

'선을 좋아한다면서도 실천하지 않았고, 악을 싫어한다면서도 그치지 않았다'는 말에 가슴 깊은 곳에서 큰 울림이 이는 것 같다. 그것은 실천 없는 명분을 지적하는 말로 들리기 때문이다. '혹시 그동안 관념이나 말로만 부처님 가르침을 가까이하거나 전하지 않았을까?' 하는 생각에 이르러서는 없는 머리카락마저 주뼛 설 정도다.

불교가 추구하는 것은 '번뇌로부터 해탈, 즉 깨달음이다' 하면서도 정작 '어떤 노력을 했을까?' 하는 자문에 '자신을 속이지 말라'는 말이 떠올라 조심스러운 것이 솔직한 심정이다. 그렇더라도 불자라면 집단의 거대 담론이든 개인의 치열한 수행이든 깨달음에 다가서는 것은 당연하다. 그것은 불교의 존재 기반이며 궁극적으로 실현해야 할 가치라서 그렇다. 그러므로 모든 불보살님이 중생에게 보인 것은 '꽃'이 아니며 모든 경전에서 한결같이 가리킨 것도 '손가락'이 아니다. 그럼에도 '마음(성품)'은 보지 않고 그저 행동 없는 구호나 방편을 위한 명분만 내세우지는 않았는지 스스로를 돌아보고자 한다.

깨달음과 관련된 많은 이야기가 경전에 전한다. 불교라면서 그런 가르침이 없는 것이 오히려 이상한 일인데 깨달음을 논하면서 명분만 있지 실천이 따르지 않는 경우도 있을 것이다. 그러나 팔만 대장경은 우리에게 '왜 깨달음을 추구해야 하는지' 또 '그 내용은 무엇인지'에 대해 자세히 밝힌다.

깨달음은 언설이 아닌 바른 일상, 그 자체

그 가운데 『잡아함』 수발다라경을 보면 깨달음을 "글로 다 말할 수 없고, 말로 다 표현할 수 없다"는 식으로 말하기 어려울 것 같다. 그 이유는 깨달음에 대해 격외의 도리라면서 '말이 끊어지고 생각이 미치지 못한다'는 식이 아니라, 누구나 보면 바로 알게 되는 팔정도八正道로 전하기 때문이다.

경전의 내용을 간추리면 이렇다.
'깨달음이란 말로 하는 것이 아니라 팔정도의 실천이다.'
이 말의 요지는 '깨달음의 진위는 팔정도의 실천이다'라는 것으로서 인용하면 다음과 같다.

아라한처럼 존경받았다는 백이십 살의 외도 수발다라는 "부처님께서는 능력이 있으시니 나를 잘 깨우쳐 주실 것이다. 지금 부처님께 나아가 의심하고 있는 것들을 여쭈어 보리라" 하였으나, 아난다는 "세존을 괴롭히지 말라"며 가로막았다.

그때 부처님께서 말씀하셨다. "의심나는 것을 묻게 하라. 왜냐하면 이것은 출가 외도들과 이야기하는 최후가 될 것이요, 그는 맨 마지막 성문聲聞이 될 것이기 때문이다."

그래서 수발다라는 "세상의 지도자인 부란나가섭 등 여섯 스승들이 모두 '내가 사문이다' 하면서 저마다 주장합니다. 과연 그러한 주장들이 옳은 것입니까?" 하고 궁금한 것을 여쭈었다. 이 말을 들으신 부처님께서는 다음과 같이 말씀하셨다.

"우리의 바른 법과 율律 안에서 팔정도를 얻지 못한 사람은 첫째 사문도 되지 못하고, 둘째 셋째 넷째 사문도 되지 못한다. 수발다라여, 우리 법과 율 안에서 팔정도를 얻은 사람이라야 첫째 사문도 되고, 둘째 셋째 넷째 사문도 될 수 있다. 이것을 제외하고는 어떤 외도에도 사문은 없다. 그것은 곧 외도의 스승이며 이름만 사문 바라문일 뿐이다."

계戒는
불자의 생활 기준

●

참괴慚愧를 아는 자는 결정코 통달하지만,
참괴를 모르는 자는 결정코 통달하지 못한다.
「본사경」

    바라는 것이 뜻대로 되지 않을 때나 감정을 참아야 할 때 갈등이 생기기 마련이다. 대체로 이런 상황에 처하면 차분히 갈등의 본말을 살핀 뒤 문제 해결을 위해 노력할 것이다. 그렇게 상식적인 과정을 거쳤음에도 결과가 기대치에 미치지 못했을 때 그것을 받아들이는 모습은 각양각색이다. 크게 보면 둘로 나눌 수 있는데, 하나는 타인에게 책임을 전가하는 것이고 다른 하나는 온전히 받아들이는 것이다.

    필자의 경험을 비춰 보면 번뇌가 치성했을 때 아무래도 어리석음의 정도가 더 심했다. 그리고 그 어리석음은 곧 부끄러움의 원인이 되었다. 이것을 미혹한 세계의 인과 관계를 설명하는 '십이연기 十二緣起'와 연관시켜 보면 무지로부터 고통으로 이어지는 정형이다. 그렇게 어리석어서 업을 짓고 고뇌하던 부끄러운 이야기를 하나 하면 다음과 같다.

미혹으로 얼마나 많은 죄를 지었을까

산행을 할 때 다른 것에는 관심이 없었는데 어느 날 유달리 난 같기도 하고 풀 같기도 한 것이 눈에 띄었다. 그날따라 '난일까, 아닐까?' 하는 궁금증이 강하게 일었던 것이다. 그것은 난과 풀을 구별하지 못했기 때문이다. 그래서 망설이다가 '가져가자'는 쪽으로 기울었다. 그때 갑자기 이런 생각이 들었다. 혹시 '희귀 난이 아닐까?' 그러자 감춰진 온갖 욕망이 꼬리에 꼬리를 물고 일어나기 시작했다. 결국 '난인지, 아닌지' 하는 궁금증은 둘째 치고 망상의 결과를 보기 위해서라도 꼭 가져가야겠다고 생각을 굳혔다. 아니라면 제자리에 다시 심어 놓을 요량으로 말이다.

빈 화분에 그것을 정성껏 심었지만 영 자신이 없어서 사람들이 자주 다니는 길목 가운데 조심스럽게 뒀다. 그러고는 누군가 판별해 줄 것이라는 생각으로 멀리서 지켜봤다. 그렇게 내심 망상을 즐기는데 얼마 지나지 않아 스님 한 분이 문제의 화분 옆을 지나다가

걸음을 멈추고선 살피기 시작했다. 순간 긴장하며 쳐다보는데 그 스님이 갑자기 "누가 화분에 풀을 심어 놨나?" 하면서 한 손으로 뽑아 획 던져 버렸다.

그 광경을 지켜보던 순간 망상도 함께 확 날아가 버렸다. 그래서 도를 공부할 때 '눈 밝은 선지식이 필요하구나'를 느끼며 '도도 이런 식으로 확 깨치면 얼마나 좋을까?' 하는 염원을 담아 풀을 원래의 자리에다 다시 심어 놓았다. 그러나 그 자리에서 쉽게 떠날 수 없었다. '미혹으로 부끄러운 짓을 얼마나 많이 저질렀을까?' 하는 생각 때문이었다.

계 어겼을 때, 부끄러움 알고 뉘우쳐야

이 일을 십이연기에 대략적으로 적용시키면 난과 풀을 구분하지 못하는 무지는 십이연기의 첫 번째 무명無明에 해당된다. 그리고 화분에 옮겨 심은 것은 무명 다음인 행行(의지)이다. 불교사전에 무명이란 사물을 있는 그대로 보지 못하는 것이라 했는데 이런 미혹된 생각을 구체화하고자 노력하는 것이 두 번째 '행'인 것이다. 이 관계는 어리석어서 행위를 일으키는 구조다.

규범을 어기는 것도 이와 비슷해 어리석음에 기인한 경우도 많을 것이므로 누구에게 그 책임을 돌리기 어렵다. 비록 미혹해서 그렇다 치더라도 온전히 자신이 지은 것이라서 그렇다. 마찬가지로 도량 안팎의 상황을 핑계 삼아 생활 규범을 따르거나 어기는 기준으로 삼을 수 없다. 어디에 있든 불자의 생활 기준은 계戒이기 때문이다. 그러나 알든 모르든 규범을 어기기도 할 텐데 그럴 때 바로 부끄러움을 느끼고 뉘우치는 참회를 거쳐 안락한 상태로 되돌아가려는 노력이 필요하다. 『본사경』에서는 부끄러움을 아는 것에 대해 다음과 같이 말한다.

참괴慚愧를 아는 자는 결정코 통달하지만, 참괴를 모르는 자는 결정코 통달하지 못한다.

여기서 통달이란 열반이며 안락이다. 즉 계를 지니는 것은 열반과 안락함을 위해서지만 만일 그 말이 부담스럽다면 '부끄러움'으로 이해해도 좋을 것 같다. 부끄럽지 않기 위해서라도 먼저 부끄러움을 아는 것이 계를 이해하는 좋은 방편이기 때문이다.

참회의
다섯 가지 방법

●

두 가지 묘한 법이 있어서 세상을 잘 옹호한다.
어떤 것이 두 가지인가?
이른바 자신에 대한 부끄러움慙과 남에 대한 부끄러움愧이다. (중략)
너희들은 부끄러워할 줄 알아야 한다.
『증일아함』

　공부에 있어서 반드시 참괴慙愧, 즉 부끄러움을 익히라는 부처님 말씀이 아니더라도 자신의 허물을 보고 부끄러워하는 것은 상식이다. 그러나 애초에 부끄러움 자체를 모르는 경우도 있는 것 같다. 자기도 속이고 남도 속이는 거짓말로 이리저리 피하려고만 하는 경우를 종종 보기 때문이다. 그것이 아니라면 자신을 높이고 남을 업신여기는 아만我慢이 넘치거나 용기가 없어서 그렇지 않을까. 만약 그렇다면 부처님의 자비로운 모습을 마음에 떠올리며 자신의 허물을 스스로 뉘우치는 관상참회觀相懺悔마저도 어려울 것이다.

부끄러움을 알면 저절로 참회

참회懺悔를 간단히 말하면 죄를 뉘우치고 용서를 청하는 것이다. '참'과 '회'를 각각 살펴보면, '참懺'은 용서를 구하고, '회悔'는 자신의 죄를 고백해서 없애는 것으로 그 목적은 허물의 소멸에 있다. 그러기 위해서는 숨기지 않고 바로 드러내야 하는데 누가 쉽게 할 수 있을까? 아무래도 간단치 않을 것이다. 특히 책임 주체를 가리는 것은 더더욱 그렇다. 이래저래 자신의 허물을 순순히 밖으로 드러내기가 쉽지 않을 텐데, 숨긴다고 해서 없어지는 것도 아니니 자기 자신에게라도 참회하는 법을 익히면 어떨까. 다음 생까지 지고 갈 것이 아니라면 말이다. 『열반경』에 "죄의 자성自性이 본래 없는 까닭에, 좋은 인연을 따르면 사라진다" 하였다. 따라서 자신의 허물을 소멸하려면 참회로 내려놓으면 된다.

우리는 누구보다 자신에게는 너그러울 것이다. 그 때문에 부끄러움을 모르기도 하지만 '열반에 이르기 위해서 부끄러움을 알아야 한다'는 『증일아함』 참괴품의 내용을 보면 이렇다.

만일 나무의 겉껍질을 해치면 속껍질이 성취되지 않고, 속껍질이 성취되지 않으면 줄기, 마디, 가지, 잎, 꽃, 열매가 다 성취되지 못하는 것과 같다.

여러분은 마땅히 알아야 한다. 만약 자기 자신에 대한 부끄러움과 남에 대한 부끄러움이 없으면 곧 사랑과 공경을 해치고, 만약 사랑과 공경이 없으면 믿음을 해치고, 만약 믿음이 없으면 바른 생각을 해치고, 만약 바른 생각이 없으면 바른 기억과 바른 지혜를 해치며, 만약 바른 기억과 바른 지혜가 없으면 모든 감각 기관의 보호와 계율의 보호·뉘우치지 않음·즐거움·기쁨·쉼·안락·선정·실다운 소견과 참다운 앎·싫어함·욕심 없음과 해탈을 해치고, 만약 해탈이 없으면 열반을 해친다.

인과법 믿고 공덕 쌓아야

생활하면서 부끄럽지 않으려고 노력하더라도 삼독三毒(탐욕·성냄·어리석음)에 물드는 순간 돌변하는 것은 우리의 또 다른 모습이다. 그래서 평상시 선하던 사람이 갑자기 악하게 변하면 의아스러운데 정작 본인은 얼마나 혼란스러울까. 하여튼 그러다가 자신을 되돌아볼 때 부끄러움을 느끼게 된다면 그건 참회의 시작이라 할 수 있다. 재가자의 참회 방법에 대해 『관보현보살경』은 이렇게 말한다.

첫째 불법승佛法僧 삼보三寶를 비방하지 않고 육념六念(불·법·승·계율·보시·천상을 생각함)을 닦는다. 둘째 부모를 받들고 스승과 어른을 공경한다. 셋째 바르게 다스리고 인심을 단정케 한다. 넷째 여섯 재일齋日만큼은 살생하지 않는다(이를 재계齋戒라고도 한다. 즉 몸과 마음을 깨끗이 하고 부정한 일을 멀리한다는 뜻이다). 그리고 인과법을 믿는다.

위에서 보더라도 참회에 어떤 권리 제한이나 신체 구금 같은 것은 없다. 다만 자신의 허물에 대해 부끄러움을 느끼고 스스로 참회할 것과 공덕을 쌓고 무지에서 벗어날 것을 권할 뿐이다. 이런 과정을 거치면서 불안에서 벗어나 평온을 되찾는 것이다. 그래서 그런지 경전에 참회라는 말이 자주 나온다.

예를 들면 올바르지 못한 생각이나 행동, 말을 했을 때 그것이 성스럽지 못하고 이치에 맞지 않아서 어리석은 것이라고 지적받으면 곧바로 부끄러움으로 참회하는 것이다. 그러면 부처님은 그 참회를 받으며 다시는 그러지 말라고 타이르거나 깨우쳐 주신다. 때에 따라서는 계(규범)로 규정하기도 하는데, 여기서 계의 중요성을 『발심수행장』 글로 대신하면 다음과 같다.

재주와 학문이 있더라도 계행(규범)이 없는 사람은 보배 있는 곳으로 인도하여도 가지 않는 것과 같다.

복 짓는 공덕에
마침표란 없다

●

복을 짓는 데는 만족이라는 것이 없는데
어찌하여 지어야 할 일을 오늘 다해 마쳤다고 하시오.
왜 그러냐 하면 나고 죽음은 길고 멀어 헤아릴 수 없기 때문이오.
「증일아함」

부처님 가르침에 대한 확고한 믿음은 곧 수행의 올바른 자량資
糧이 된다. 『불설대승보살장정법경』은 불법佛法에 대한 확고한 믿음
을 다음과 같이 말한다.

가르침을 확고히 믿는다면 설사 마왕 파순波旬이 부처님으로 변신
하고 나타나서 정답게 다른 가르침을 설해도, 믿음의 힘으로 이 바
른 가르침을 티끌만큼도 깨뜨리지 못할 것이다. 왜냐하면 지혜를 가
지고 잘 생각해서 마왕이 설하는 내용을 다 끊어 버리기 때문이다.

부처님이 복 짓기를 그치지 않은 이유

요즘 언어 환경에서 다소 생소한 '자량'은 자재나 양식 또는 여행 등에 쓰이는 비용 등을 가리키는 말이다. 그러므로 축적의 의미보다 어떤 일에 쓰이는 자원·바탕의 개념이다. 그렇듯이 깨달음을 이루고자 원을 세웠다면 먼저 선근善根 공덕을 양식(자량)으로 삼아 자신을 돌봐야 한다. 수행을 직접 해 봤다면 『자경문』의 "사흘만이라도 수행한 마음은 천 년의 보배가 되지만 백 년 동안 탐낸 재물이라도 하루아침에 티끌이 된다"는 구절의 의미를 잘 알 것이다.

그러나 수행이나 공덕의 의미를 잘 모르거나 의심한다면 이런 의문을 가질 수도 있다. "그냥 깨달으면 되지 뭣하러 선근 공덕까지 지어야 하나?" "이 만큼 공덕을 닦았으면 됐지 또 얼마나 더 쌓아야 한단 말인가?"

이와 유사한 생각을 한다면 『증일아함』 지주품의 내용을 참고했으면 한다.

사위국의 파사닉 왕은 "나는 즐거이 부처님과 스님들께 석 달 동안 공양과 의복, 평상, 침구, 의약 등 필요한 물품을 제공하고자 한다"며 자신의 말대로 직접 석 달간 모자람 없이 정성껏 승단에 공양을 올렸다. 그렇게 하루도 빠지지 않고 석 달 동안 공양을 올린 뒤 다음과 같이 말하였다.

"이전에 부처님께서 인연의 본말에 대해서 설법하시는 것을 들었습니다. 축생들에게 음식을 준 이는 그 백 갑절의 복을 받고, 계戒를 범한 이에게 음식을 준 이는 그 천 갑절의 복을 받으며, 계를 잘지키는 이에게 음식을 드린 이는 그 만 갑절의 복을 받고, 탐욕을 끊은 선인에게 음식을 드린 이는 그 억 갑절의 복을 받으며, 수다원須陀洹으로 향하는 이에게 음식을 드린 이까지도 헤아릴 수 없이 많은 복을 받는데, 하물며 수다원을 성취한 분에게 음식을 드린 사람이겠는가? 더구나 사다함斯陀含으로 향하고 사다함의 도를 얻은 사람이나, 아나함阿那含으로 향하고 아나함의 도를 얻은 사람이나, 아라한阿羅漢으로 향하고 아라한의 도를 얻은 사람이나, 벽지불支佛로 향하고 벽지불이 된 사람이나, 여래如來, 지진至眞(진리에 이르다), 등정각等正覺으로 향하는 성인이나 부처님이 된 분과 그 밑의 제자 비구들이겠는가? 그들에게 보시한 공덕과 복은 이루 다 헤아릴 수 없을 것이다."

"(그동안 부족하지 않게 즐거이 승단에 공양을 올렸으니) 저는 지어야 할 공덕을 지금 다 (지어) 마쳤습니다."

위와 같은 파사닉 왕의 말을 들으신 세존께서는 "대왕이여, 그런 말을 마시오. 복을 짓는 데는 만족이라는 것이 없는데 어찌하여 지어야 할 일을 오늘 다해 마쳤다고 하시오. 왜 그러냐 하면 나고 죽음은 길고 멀어 헤아릴 수 없기 때문이오" 하셨다.

이어서 "내가 지을 복은 오늘 다 (지어) 마쳤다고 하기보다는 나는 지금 몸과 입과 뜻으로 짓는 모든 업이 다한 뒤에 해탈을 구하고, 나고 죽는 속에 있으면서 복업을 (누리기를) 구하지 않으면 언제나 한량없이 안온하리라" 하고 말해야 한다며 그릇된 견해까지 바로잡아 주셨다. 이에 파사닉 왕은 자기의 잘못된 생각과 말을 참회하며 "이 미련한 것이 아무것도 몰랐나이다. 원컨대 세존께서는 저의 뉘우침을 받아 주소서. 저는 지금 지나간 잘못을 고치고 다시는 그런 말을 하지 않겠나이다. 원컨대 세존께서는 저의 참회를 받아 주소서" 하였다.

나고 죽음의 길은 멀고 길어 헤아릴 수 없기 때문에 한때의 복을 관찰해 보면 지은 복(자량)은 소진되기 마련이므로 항상 선근 공덕을 닦아야 한다. 이런 사실을 보이고자 부처님은 "세상에서 복을 구하는 데 나보다 더한 사람은 없다" 하시며 눈먼 제자를 위해 직접 옷을 깁고 또 병든 제자를 위해 몸소 간병을 하는 등 복 짓는 것을 그치지 않으셨다. 『증일아함』 구중생거품에 소개된 부처님의 일화를 인용하면 다음과 같다.

병에 걸려 제힘으로는 잘 일어나지도 못하고, 또 찾아와 돌봐 주는 이도 없는 제자가 있었다. 이런 사실은 전해 들으신 부처님은 그를 위해 직접 길을 나섰다. 그때 자리에 누워 있던 제자가 부처님께서 오시는 것을 보고 예의를 갖추기 위해 일어나려고 했지만, 움직일 수 없었다. 부처님께서는 그런 제자에게 다가가 "가만 있어라, 가만 있어라. 움직이지 말라. 나는 여기 앉으면 된다" 하시며 "지금 너의 병은 좀 나았는가, 더하지는 않은가?" 물으셨다. 그러자 제자는 "저의 병은 갈수록 더하고 덜하지 않습니다. 참으로 희망이 없습니다" 하였다. 이 말을 들으신 부처님께서는 다시 제자에게 "네가 병들기 전에 병자를 찾아가 문병한 일이 있는가?" 묻자 제자는 "그런 일이 없습니다" 하였다.

부처님께서는 그런 제자를 위해 다음과 같이 말씀하셨다.

"너는 바른 법 안에서 좋은 이익을 얻지 못하였다. 왜냐하면 문병하러 다니지 않았기 때문이다(공덕을 짓지 않았다는 말이다). 그러나 이제 두려워하지 말라. 내가 직접 너를 (위해) 공양하며 아무런 불편도 없게 하리라. 나는 구호할 이 없는 이를 구호해 주고 장님에게는 눈이 되어 주며, 모든 병자를 구호해 준다." 그러고선 손수 더러운 것들을 치우셨다.

집착하지 않을 때
무량한 공덕

●

만일 보살이 (현)상에 머물지 않고 보시하면
그 복덕은 가히 생각으로 헤아릴 수 없느니라.
『금강경』

불사佛事하는 것을 본 누군가가 "유위복이 아니라 무위복을 지
을 것이지" 하는 투로 말했다. 뜻밖의 말 때문에 '그동안 유위의 복
이라도 지었을까?' 스스로를 돌아보았다. '유위有爲'란 '조작'의 뜻
으로 '유위의 복'은 여러 조건으로 지은 복이라서 때에 이르면 다하
는 것이다. 이것을 어느 선사는 시어로 다음과 같이 말하였다.

"청정함이 뒤집혀 번뇌가 되고, 유위 공덕이 티끌에 덮였다."

『금강경』에서는 유위의 본질을 다음과 같이 밝힌다.

모든 유위법은 꿈 허깨비 물거품 그림자 이슬 번개 같으니 이렇게 관찰하라.

이런 유위에 상대한 무위無爲는 열반을 근거로 하는데 유위가 조작이라면, 무위란 조작이 없는 것이라서 생멸변화를 여읜 것이다. 말로는 '유위'니 '무위'니 쉽게 할 수 있어도 막상 복을 지으려면 쉽지 않다. 그런데 중국 양나라 황제 무제는 불심천자佛心天子로 칭송될 만큼 많은 공덕을 닦았다. 어느 날 무제는 달마 대사와 만난 자리에서 그동안 자신이 지은 공덕의 유무를 묻지만 '없다'는 말만 들었다는 일화가 전한다. 이 이야기는 여러모로 시사하는 바가 크다. 이 부분을 유루(번뇌)와 무루(해탈)의 관점에서 어림잡아 보면 다음과 같다.

공덕에 집착하면 번뇌 따를 수밖에

무제는 그동안 자신이 닦은 선행 공덕을 은근히 달마 대사에게 알리면서 인정받으려고 하지 않았나 싶다. 작은 선행이라도 타인이 칭찬하면 신이 나서 더 열심히 하는 것이 중생심이다. 또 여러 경전에서 선행(보시布施)과 청정한 행위(지계持戒)를 하는 우바새男와 우바이女에게 "천상에 이른다" 했기 때문에 당연히 공덕이 많다는 것을 확인받고 싶었을 것이다. 그런데 달마 대사가 무제의 물음에 거두절미하고 "없다無"고 한 것은 현상用에 집착하는 순간 번뇌가 따를 수밖에 없는 도리를 차례로 설명하기보다 본질體적 입장에서 단박에 천명한 것이 아닌가 한다. 즉 유루(생멸生滅)의 공덕을 논하는 무제에게 무루(열반涅槃)의 청정을 바로 보이려 한 것이다. 아무리 불심천자라 하더라도 진리엔 예외가 낄 자리가 없기 때문이다. 그렇기 때문에 바로 이어서 "참다운 공덕이란 공적하며 번뇌의 관점에서 구할 것이 아니다"라고 하였다.

그렇다면 달마 대사의 말을 들은 무제의 입장은 어땠을까? 간단히 말하면 많이 서운하고 의아했을 것 같다. '서운'한 까닭은 그동안 힘써 행한 선행에 공덕이 없다는 말을 들었기 때문이고, '의아'한 까닭은 '공덕을 지으면 공덕이 따른다'는 관념의 저항에 부딪혔기 때문일 것이다. 그러나 무제는 겉으로 품위를 유지하며 담담하게 "앞에 앉은 사람은 누구냐?" 물었다. 하지만 그 역시 "모른다"는 격외의 대답만 들어야 했다. 이 같은 공덕 문답을 현실에 그대로 적용하면 다음과 같을 것이다.

신심을 낸 어떤 사람이 공덕주가 되어서 자신의 선행에 대해 스님께 "어떤 공덕이 있습니까?" 물었을 때 한마디로 "없다"는 말을 들었다 치자. 이럴 때 여러분이라면 어떨까? 공덕을 지어도 복이 없다고 하는데 계속 짓고 싶을까? 어쩌면 이런 부분에서 유루의 복과 무루의 복으로 갈릴 것 같다. 그것은 이익의 득실을 따져 복을 짓거나 또 지은 복의 결과에 집착하기 때문이다. 선행의 대가와 상관없이 복을 짓는 것에 대해 경전에서는 중생심으로는 어렵지만 보살심으로는 가능하다고 밝힌다.

'공덕 쌓았다'는 생각조차 버려야

일체에 고정된 실체로서의 자성自性이 없다는 무자성의 '공空'을 체득한 보살이라면 선행(바라밀)이 어렵지 않다. 그 이유를 『잡아함』 포말경의 글로 간단하게 설명하면 이렇다.

"물질은 모인 물방울 같고 느낌은 물 위의 거품 같으며 생각은 봄철의 아지랑이 같고 모든 지어감은 파초나무 같으며 모든 의식과 법은 꼭두각시 같다"

존재의 실상을 체득한 보살은 그 무엇에도 집착하지 않는다. 그래서 성불의 서원을 따라 선행 공덕을 닦으며因位, 깨달음을 성취하더라도果位 여전히 공덕 쌓는 것을 그치지 않는 것이다. 그리고 자비로써 중생에게 선행을 베풀지만 그 자체나 결과에 탐착하지 않는 것을 『금강경』의 표현을 빌리면 다음과 같다.

(현)상相에 머물지 않고, (현)상에 집착하지 않는다.

선행과 공덕의 관계를 계속 『금강경』에서 인용하면 이렇다.

만일 보살이 (현)상에 머물지 않고 보시하면 그 복덕은 가히 생각
으로 헤아릴 수 없느니라.

그러면서도 행여 또 이 말에 집착해서 번뇌를 만들까봐 거듭 다
음과 같이 말하였다.

법法에 집착해도 안 되고, 법 아닌 것非法에 집착해서도 안 된다.

번뇌 끊어져도
몸에 밴 습관은 남으니

●

번뇌를 끊어도 남는 습기가 있다.
『대지도론』

길을 걷다 보면 생각지 못한 상황에 직면하곤 한다. 그럴 때 대체로 좋아하고 싫어하는 감정을 일으키지 않으려고 노력한다. 하지만 어느 한쪽으로 치우칠 때도 있다. 순경계順境界(만족)에는 좋은 감정을, 역경계逆境界(불만)에는 싫은 감정을 가져서 그렇다고 할 수 있다. 그러나 다 버리거나 가질 수 없으므로 그 사이에서 갈등하면서도 자기에게 좋은 쪽으로 기울어질 것이다. 간단한 예를 들면 이왕 들어야 할 음악이라면 자기가 좋아하는 노래를 고르는 것과 같다.

필자는 글보다 그림을 더 가까이해서 그런지 문학보다 미술을 선호하는 편이다. 지금도 생각을 정리할 때면 글과 함께 그림을 이용하곤 하는데 타인과 어떤 정보를 주고받을 때 편리한 측면도 있다. 일상에서 비슷한 예를 들면 경고 표지판 같은 경우다. 글을 모르는 이에게는 위험을 알리는 문구라도 소용없다. 그러나 간단한 그림이나 기호를 사용하면 모두에게 쉽게 그 의미를 전달할 수 있다. 타인과의 소통에서 이보다 더 좋은 방법은 이심전심이지만 대체로 상황에 따라 효과적이거나 익숙한 방법을 선택할 것이다.

오래전 서울 인사동에서 낙태를 소재로 한 대학생의 사진전을 본 적이 있다. 흑백 사진에서 뿜어져 나오는 생명 존중의 메시지는 그 어떤 글보다 강렬했다. 오히려 사진을 설명하는 글이 군더더기처럼 느껴질 정도였다. 그냥 사진을 보는 것만으로도 충분했기 때문이다.

그렇다고 메시지를 전달하는 데 항상 그림이 좋다는 말은 아니다. 짧은 글이지만 울림이 큰 문장도 있다. 글의 내용을 자유롭게 음미할수록 생각의 폭이 깊어지기 때문인데, 마치 헤밍웨이의 'For sale: Baby shoes. Never worn(아기 신발을 팝니다. 한 번도 신지 않았음)' 같은 글이다. 참고로 이런 종류의 글에 대한 상상은 각자의 몫이라서 그 뜻을 규정하는 순간 의미가 좁아질 것이다.

습기란 행위가 마음에 지은 관습

글이나 그림이 생각을 주고받는 수단이라면 표현하는 입장에서는 편리하거나 익숙한 쪽을 선택할 것이다. 그렇다면 받아들이는 쪽도 마찬가지라서 단순 비교로 어느 쪽이 '더 낫다'는 것은 무의미하게 된다. 다만 어느 쪽을 더 선호하는가는 그 사람의 습관에 달렸다고 볼 수 있다. 그렇게 선호하는 것을 반복적으로 익힌 사고나 행동은 오랫동안 유지된다. 그래서인지 필자는 지금도 길을 가다가 전시회 포스터를 보면 눈길이 가곤 한다. 어떤 때는 발길이 저절로 전시관 쪽으로 향하는 것 같은 착각마저 들기도 하는데, 엄밀하게 말해서 의도했으나 자신도 모르는 사이 이뤄지는 것 같은 이런 행위를 불교 용어로는 '습기習氣'라 한다. 이와 관련해서 『증일아함』 제자품의 말을 인용하면 이렇다.

말씨가 추하고 거칠어 높고 귀한 이를 가리지 않는 이는 바로 필릉가바차다.

『대지도론』에 필릉가바차와 관련해서 다음과 같은 이야기가 전한다.

필릉가바차는 걸식을 나가 항하를 건널 적마다 강에 이르러 손가락을 튕기면서 이렇게 말했다.

"어린 것아, 강물을 멈추어 흐르지 못하게 하라."

이에 항하의 신이 부처님께 가서 말씀드렸다.

"제자인 필릉가바차가 항상 나를 모욕하여 '어린 것아, 강물을 멈추어 흐르지 못하게 하라'고 합니다."

이 말을 들으신 부처님께서 필릉가바차에게 말씀하셨다.

"항하 신에게 참회하라."

이때 필릉가바차가 곧 합장하고 항하 신에게 말했다.

"어린 것아, 성내지 말라. 이제 그대에게 참회하노라."

이때 대중이 웃으며 말했다.

"어찌 참회하면서 도리어 꾸짖는가?"

부처님께서 항하 신에게 말씀하셨다.

"그대는 이 필릉가바차가 합장하고 참회하는 것을 보았는가? 참회하고 사과함에 거만한 생각이 없으나 말을 그렇게 하는 것은 악한 마음에서가 아님을 알라. 그는 바라문의 집에서 태어났는데 항상 자신을 교만하고 귀하게 여기고 다른 이를 멸시했다. 본래 익힌 말투일 뿐, 마음에 교만함이 있는 것은 아니다."

습기란 행위 특히 번뇌의 생기를 따라서 마음 중에 인상 지어지고 배인 관습의 습성이다. 그렇기 때문에 번뇌를 끊어도 여전히 습기가 잔존할 수 있다. 마치 난타의 관심溇, 사리불과 마하가섭의 발끈瞋, 필릉가바차의 거만慢, 마두파사타의 유희跳戲, 교범발제의 습성牛業 등이 그런 예다. 다른 예를 들면 나찰羅刹 습기가 있다. 이것은 비록 출가해서 불문에 들었으나 나찰의 권속이었을 때 익힌 습기로 말미암아 육식하는 사람을 보면 좋아하고 친근하게 여기는 것이다.

옷에 밴 향기처럼 우리의 행위가 생각에 익혀져 남은 것을 훈습薰習이라 한다. 전문 용어로 현행現行과 종자種子의 관계로 설명한다. 현행이란 현재의 신체와 인식의 행위고, 종자란 그러한 현행으로 말미암아 축적되는 세력이라서 다시 모든 행위와 영향을 주고받으며 상속이 끊이지 않는 구조다. 『장아함』 범동경에서 이와 관련된 내용을 간추리면 다음과 같다.

스승과 제자가 있었는데 그 둘은 항상 부처님의 뒤를 따라다니는 범지였다. 그런데 스승은 무수한 방편으로 삼보三寶(불법승佛法僧)를 헐뜯었고 그 제자는 무수한 방편으로 삼보를 찬탄했다. 이런 연유를 부처님께 묻자 다음과 같이 말씀하셨다.

"스승과 제자는 각각 다른 마음을 품고 서로 어긋났기 때문이다. 왜냐하면 그것은 다른 습관 다른 소견 다른 친근을 말미암기 때문이다."

처음 배우고 익힐 때부터 신중해야

그렇게 상호 작용 속에 구축된 습성 내지 습관을 습기라고 하며, 한번 배면 바꾸기 어려운데 흔히 '세 살 버릇 여든까지 간다'는 것도 이런 이유 때문이다. 따라서 무엇을 하든지 처음부터 좋은 습관을 들이는 것이 중요하다. 수행도 마찬가지여서 천태원 법사는 불도佛道를 이루고자 출가한 수행자들에게 그 점을 경계하며 다음과 같이 말했다.

"예전(속세)의 기량을 펴지 말고, 오늘 삶(수행)에 힘쓸지어다."

기도는 소처럼
우직하게, 천천히

●

지극한 마음으로 단정히 앉아 불상을 관하면
이 사람의 마음도 부처님 마음과 같게 될 것이라서,
비록 번뇌가 있더라도 여러 악한 것에 덮이지 않을 것이다.
『관불삼매해경』

조개 속에 진주가 있고

돌 속에 벽옥이 있듯이

사향을 지니면 절로 향기 날 텐데

무엇하러 바람 앞에 서려하는가.

야부도천 선사의 글을 '성급'이라는 관점에서 말하고자 한다. 사
람이 조급하다 보면 설익은 재주를 뽐내려 안달하거나 준비되지 않
은 꿈을 위해 무리수를 두기도 한다. 이 같은 행동은 어쩌면 '빨리

빨리'라는 사회 분위기와도 무관하지 않을 것 같다. '천천히'가 뒤처진 것으로 인식되는 풍토에서 '빨리'는 '압박'이 아니라 '미덕'이기 때문이다. 그래서 행여 이해나 행동이 느리면 그런 자신을 책망하면서까지 '빨리'를 익히려 하지 않을까. '느림'과 '낙오'가 동급으로 취급되는 환경에서 익기까지 기다렸다가는 '못 한다'가 될 것이라서 그렇다. 만약 이런 논리로 행동 원리를 삼으면 '잘한다'의 기준은 속도다. 결국 무엇을 하든지 조급한 마음에 후다닥 해치우는 벼락치기마저 당연시되는 것이다. 그렇게 생각과 몸에 밴 '빨리빨리'가 '수행이나 기도에도 영향을 미치지 않을까' 하는 엉뚱한 생각을 해 본다.

그 이유는 어떤 것은 소처럼 천천히 걸으며 호랑이같이 날카롭게 보는 자세가 요구되기 때문이다. 특히 수행이나 기도를 할 때는 완급을 조절하여 꾸준히 정진하고, 정사를 구분하는 안목을 갖춰야 하기에 더더욱 그렇다.

염불 기도는 청정한 마음과 행동으로

불교계의 오랜 전통傳統 중에는 이질적 관행이나 어색한 관습도 있을 것이다. 그러나 정통正統이 아니라 해서 무조건 부정적으로 치부할 필요는 없다. 그것이 부처님 가르침을 온전히 전하기 위해 시대적 상황이나 지리적 환경 등을 고려한 방편이라면 말이다. 그러므로 내용의 보존을 위한 외형의 변화를 두고 무조건 비불교적이라고 비방하기는 어렵다. 그런 일들 가운데 하나를 들면 '염불'을 더한 '기도'도 해당될 것이다.

염불이란 일반적인 불도佛道 수행의 하나로, 마음으로 부처님을 생각하며 명호를 부르거나 구체적인 모습이나 공덕을 관觀하는 수행법이다. 즉 부처님께 예배, 찬탄, 귀의, 억념하는 염불 공덕으로 번뇌를 여의고 열반에 이르고자 한다. 『증일아함』 광연품에 염불과 관련된 내용이 있다. 요약하면 '어떻게 염불해야 하는가?' 하는 물음에 부처님은 다음과 같이 말씀하신다.

몸과 뜻을 바르게 가지고 정좌하여 생각을 매어 앞에 두고 다른 생각 없이 오로지 부처님만을 생각한다. 여래의 형상을 관觀하되 잠시도 눈을 떼는 일이 없게 하고, 눈을 떼지 않고 곧 여래의 공덕을 생각한다.

교리적 설명을 덧붙이면 여래의 상호를 자세히 관찰觀念하는 관상觀像 염불과 여래의 장엄한 공덕을 마음속 깊이 관상觀想하는 관상觀想 염불이다.

『관불삼매해경』에서는 염불에 대해 다음과 같이 말한다.

지극한 마음으로 단정히 앉아 불상을 관하면 이 사람의 마음도 부처님 마음과 같게 될 것이라서, 비록 번뇌가 있더라도 여러 악한 것에 덮이지 않을 것이다.

여래의 자비를 염원하며 재앙을 제거하고 복을 늘리기 위한 노력을 일반적으로 기도라 한다. 그래서 염불로 기도할 때 그 목적에 부합하기 위해 자비를 베풀고(즉 보시하고), 품위 있게 행동하며(즉 계를 지키며) 부처님의 가르침을 따르는 것이다. 이렇게 쌓은 공덕과 익힌 행위는 향을 풍기려 하지 않아도 저절로 향기로울 뿐이다. 조급한 마음에 서두른다고 금세 이루어지는 것이 아니라서 그렇다. 만약 억지로 그런다면 사麝향으로 사邪향을 만드는 꼴이 될 것이다. 마치 '기도'와 관련된 모든 것을 부정적인 '기복'으로 폄하하려는 시각처럼 말이다.

기도를 통해
소원을 이루는 법

●

공부하는 것도 그와 같다.
극렬하게 정진하면 지나친 것이요,
게으르면 삿된 소견에 떨어지는 것이라서 조화로운 것이 으뜸 행이다.
그렇게 하면 오래지 않아 번뇌 없는 사람이 될 것이니라.
「증일아함」

『증일아함』 지주품에는 남다른 정진에도 불구하고 깨닫지 못하던 억이나한二十億耳의 이야기가 있다. 그가 자책하며 '환속해서 복을 짓는 재가자가 될까' 고민한 내용을 요약하면 이렇다.

존자는 고요한 곳에서 법의 근본을 닦고 밤낮으로 가르침에서 떠나지 않았다. 앉거나 걷거나 항상 바른 법을 닦고 초저녁이나 새벽이나 할 것 없이 늘 스스로를 격려하며 잠깐도 쉬지 않았다. 그러나 마음이 욕루(번뇌)에서 벗어나지 못하자 존자는 생각하였다.

'석가모니 제자 중에 누구 못지않게 고행 정진하는데 아직 마음이 번뇌에서 벗어나지 못하였다. 우리 집은 재물이 많으니 차라리 이 가사를 벗고 세속으로 되돌아가 그 재물로써 널리 보시하는 복을 닦자. 사문으로 수행한다는 것은 그리 쉬운 일이 아니다.'

삿되거나 극단에 치우치지 않은 조화가 중요

'성취'라는 맥락에서 본다면 출가자가 깨달음을 추구하는 것이나 재가자가 소원을 이루고자 하는 양상은 비슷할 것이다. 또한 출·재가자가 서원을 세웠다면 그것을 실현하고자 가일층 노력하는 것은 자연스러운 일이다.

개인적으로 이때 중요한 것은 마치 『승만경』에서 승만 부인이 세운 열 가지 서원의 마지막처럼 '정법正法을 결코 잊지 않는 것'이다. 왜냐하면 소원 성취의 길이 멀고 험난해서 중간에 그만두거나 현재 자신의 행위가 무엇을 위한 것인지 망각하는 경우도 있기 때문이다. 그러므로 설사 수행에 장애가 따르고 성취가 더디더라도 중단 없이 나아가려면 서원을 굳건히 하는 것이 그 무엇보다 중요하다.

우리가 흔히 어떤 노력을 해서 '힘을 얻다'라고 할 때의 '얻다'란 처음 얻은 것이며 '성취했다'고 할 때의 '성취'란 얻은 것이 끊어지지 않는 것을 말한다. 즉 잠깐 얻었다 잃어버리는 것이 아니라 얻은 것이 지속되는 것이다.

이런 성취를 바라는 방법으로 기도를 택하는 것은 재가자의 일 반적인 신행 형태다. 기도를 해서 소원이 쉽게 이뤄지고 또 유지된 다면 얼마나 좋을까. 만약 그렇게만 된다면 기도하지 말라고 해도 할 것 같다. 그리고 중생심에 빠른 소원 성취를 바라다 보면 아무래 도 가슴을 졸일 것이다. 이럴 때 '비법祕法'과 같은 말에 귀가 솔깃하 면 기도하는 가치보다 그 결과에 집착하게 된다. 그러면 장애가 파 고드는데, 즉 마장魔障이다. 그래서 사견邪見을 정견正見이라 하거나 사도邪道를 정도正道라며 따르는 것이다.

줄을 너무 죄지도 너무 늦추지도 말라

재가자의 기도가 그렇듯이 출가자의 수행도 성취하고자 하는 분명한 목표가 있다. 그것은 다름 아닌 깨달음이다. 깨달음은 불교 수행의 목적이다. 그러므로 만약 출가수행자가 선지식의 가르침에 바로 깨닫는다면 스승과 제자는 서로의 일을 다해 마치는 것이다. 또 그렇게 되도록 하는 것이 선지식의 역할이기도 하다.

다시 지주품의 내용으로 돌아가서 이야기하면 부처님은 억이나 한이 철저한 두타행頭陀行에도 불구하고 번뇌에서 벗어나지 못하는 것을 아셨다. 두타행이란 번뇌를 제거하기 위한 고행으로 의식주 등에 탐착하지 않는 심신 수련이다. 그 가운데 두 가지만 소개하면 세속에 거처하지 않는 것과 탁발할 때 빈부를 구분하지 않는 것이다. 억이나한이 그와 같은 여러 두타 수행에 전념했으나 여전히 번뇌를 여의지 못하자 부처님은 다음과 같이 말씀하셨다.

"네가 집에 있었을 때 거문고를 잘 탔다고 하는데, 어떻게 하면 맑은 소리를 내는가?"

억이나한은 "거문고 줄을 너무 죄지도 않고 너무 늦추지도 않았을 때입니다" 하였다.

그러자 부처님께서 이렇게 이르셨다.

"공부하는 것도 그와 같다. 극렬하게 정진하면 지나친 것이요, 게으르면 삿된 소견에 떨어지는 것이라서 조화로운 것이 으뜸 행이다. 그렇게 하면 오래지 않아 번뇌 없는 사람이 될 것이니라."

다시 복 짓는 거사님

'나라도 다시
복을 지어야겠다'

혹독한 추위가 마음마저 얼어붙게 하던 겨울이었다. 아마 저녁
무렵이었던 것으로 기억되는데 왜소한 체격의 거사님 한 분이 절
의 사무실(원주실)에 들어섰다. 일을 마친 뒤 곧바로 방문한 것인
지 작업복 차림이었다. 그렇게 처음 만나 인사를 나누고 차를 마시
며 방문한 용건을 묻자 머뭇거리면서 천천히 말을 꺼냈다.

"스님 사실은 저에게 돈이 조금 생겼는데 어디에 쓸까 생각하
다가 절에 시주하는 것이 좋을 것 같아 왔습니다. 그런데 액수가
적습니다."

그 말을 듣는 순간 그의 마음에 감사함과 동시에 언젠가 하소
연하듯 '관세음보살님'을 묻던 거사님이 떠올랐다.

"관세음보살이 무슨 뜻입니까?"

영천 은해사에 있었을 때다. 일요일 군부대 법회에 가지 않으면 지역의 조기축구 회원들과 함께 공을 찼다. 절에서 근처 학교 운동장까지 걷기에는 조금 멀어서 스쿠터를 타고 다녔는데 한번은 잔고장을 고치려 수리점을 찾았다.

그때 주인이 스쿠터 한번 쳐다보고 필자 한번 쳐다보기를 몇 번 하더니 아무 말 없이 스쿠터를 만지작거렸다. 스쿠터 상태를 설명하지도 않았는데 대뜸 고장 난 부위를 찾아내고는 고치기 시작한 것이다. 속으로 '그래 뭐든지 저 정도가 되어야 자기 일을 한다고 할 수 있지' 하면서 그의 실력에 믿음을 갖고 옆에서 지켜보는데 무뚝뚝하던 그가 갑자기 물었다.

"스님! 어른들께서 종종 관세음보살이라고 하시는데 무슨 뜻입니까?"

불쑥 꺼낸 말 속엔 '삶이 왜 이렇게 고단합니까?' 하는 하소연이 담긴 듯했다. 그래서 곧바로 답하지 않고 그냥 웃기만 했는데 거듭 "스님" 하며 답을 재촉했다. 그제야 "예, 관세음보살님은…"이라고 막상 운을 뗐지만 말끝을 흐려 버렸다. 잠시 뜸을 들이다 이렇게 말해 주었다.

"기쁠 때나 슬플 때나 즐거울 때나 괴로울 때나 항상 관세음보살님이라고 해 보세요, 그러면 무슨 뜻인지 저절로 알게 될 것입니다."

그리고 그의 삶에 불보살님의 가피가 함께하기를 기원해드 렸다.

그때의 기억을 떠올리며 "거사님, 복을 지으려는 것은 좋은 일로 시주물의 많고 적음은 아무런 문제가 되지 않습니다" 하며 우선 그의 뜻을 존중한 뒤 "보통은 공돈이 생기면 자신이나 가족을 위해 쓰는 것이 일반적인데 어디 요긴한 데 쓰시지 않고 이렇게 시주하실 생각을 하셨습니까?" 하고 물었다. 그가 겸연쩍게 웃으며 말을 아꼈다.

그래서 속으로 '무슨 사연이 있겠지' 하며 거듭 고마움을 표하고선 힘들어 보이는 그의 등 뒤에서 행복을 축원해드렸다. 그러고는 한동안 잊고 있었는데 어느 날 그분이 다시 찾아왔다. 처음엔 몰라봤지만 이야기 도중 그때 그분인 줄 알게 되었다. 반가운 마음에 안부를 물으며 이야기하다가 전에 시주한 사연을 듣게 되었다.

의심 없는 마음으로 다시 복 짓기

거사님의 증조부는 너무 가난해서 끼니조차 잇기 힘들었다. 가난으로 몸서리치던 증조부는 세상을 원망하기보다 '복을 짓지 않아서 이렇게 사는 것이다'라고 확신한 뒤 믿음을 갖고 적든 많든 절에 시주를 하기 시작했다. 녹록치 않은 삶이었지만 서원을 성취하기 위해 간절하게 복을 짓자 점차 좋은 일이 생기더니만 한 세대가 지날 즈음에는 곳간이 넉넉해졌다. 삶이 윤택해지고 덩달아 자손도 번창해서 말 그대로 소원을 이룬 것이다(여기서 잠깐, 신심이란 의심 없는 마음을 말한다. 즉 부처님의 가르침인 인과법을 의심치 않았기에 어려운 환경에서도 확신을 갖고 꾸준히 복을 지을 수 있었던 것이다).

그러다가 삼대에 이르러서 공덕주의 간절함은 넉넉함으로 퇴색되고 시주하던 즐거움이 낭비의 향락으로 바뀌자 집안이 다시 기울기 시작했다(그것은 받아 쓰던 복에 탐닉해서 더 이상 복을 짓지 않은 것도 한 이유일 것이다).

거사님은 이러한 집안의 내력을 보며 '나라도 다시 복을 지어야겠다'는 생각으로 시주를 하게 된 것이었다.

3장

마음은
흐르는 물과 같나니

내마음
바로 알기

●

마음이란 화가가 그림을 그리는 것과 같아서
능히 세상 모든 일을 도모한다.
『화엄경』

네 명의 아내를 거느린 사내가 있었다. 어느 날 그는 먼 길을 떠나
게 되었다. 그래서 무엇을 하든 늘 곁에 두고 싶을 만큼 사랑스러
워 매일 하자는 대로 다 해 주고 비위를 맞춰 주던 첫째 아내에게
말했다.

"나는 이제 멀리 떠나는데 당신과 함께 가고 싶소."

그러나 평소 그토록 애지중지하며 총애하던 아내는 고개를 저으
며 "함께 갈 수 없어요"라고 답했다. 아무리 달래고 위협해도 듣지
않자 단념하고 둘째 아내에게 함께 가기를 청했다. 그녀의 대답도

마찬가지였다.

"당신이 제일 사랑하는 첫 번째 여자도 같이 가지 않는데 제가 갈 것 같습니까?"

화가 난 남편은 "내가 너를 위해서 얼마나 고생을 했는지 모르냐?" 며 지난날을 들먹였다. 그러나 아내는 냉정했다.

"그것은 당신 사정이지요. 당신이 나를 억지로 얻었지 제가 당신을 차지하고 싶었던 것은 아니잖아요."

그녀의 매정함에 놀라며 그는 셋째 아내에게 말했다.

"그대는 나와 함께 가 주겠지?"

셋째 아내는 거절하면서도 "당신의 은혜를 입고 있으니 성 밖까지만 배웅해드리겠습니다"라고 했다.

사내는 할 수 없이 평소에는 거들떠보지 않던 넷째 아내에게 사정했다. 그런데 그 아내는 순순히 승낙하는 것이었다.

"저는 부모 품을 떠나 당신을 모시고 있습니다. 괴롭거나 즐겁거나 죽거나 살거나 항상 함께하며, 당신이 가는 곳이라면 어디든지 따라가겠습니다."

위 글은 『잡아함』에 나오는 내용이다. 이 이야기는 마음의 중요성에 관한 것으로 첫째 아내는 육체, 둘째 아내는 재산, 셋째 아내는 혈연이나 친구 그리고 마지막 넷째 아내는 마음을 말한다.

육체란 죽음과 동시에 함께할 수 없다. 재산은 아무리 고생해서 모았다손 치더라도 생을 마감하는 순간 남의 것이 되고 만다. 그리고 혈연관계는 임종을 당해서 슬피 울더라도 묘지까지만 배웅한다. 그러나 어떤 상황에서도 자신과 함께하는 것은 오직 마음뿐이다. 그런데 조강지처와 같은 이 마음을 잘 살피는 일은 결코 쉽지 않다. 마치 물과 공기 없이는 한순간도 살 수 없으면서도 그 고마움을 모르고 함부로 대하다가 뒤늦게 오염을 들먹이며 난리를 치는 것처럼 말이다.

놀라운 마음의 힘

불교에서는 마음에 대해 다양한 방법으로 설명하는데 『화엄경』에서는 다음과 같이 말한다.

> 마음이란 화가가 그림을 그리는 것과 같아서 능히 세상 모든 일을 도모한다.

그래서 『반야경』 같은 데서도 "온갖 현상은 마음이 인도자 구실을 하므로, 능히 마음을 알면 모든 현상을 다 알 수 있게 된다. 갖가지 세상의 사물들은 모두 마음 때문에 만들어진다" 하는 것이다. 또한 우리가 말하고 행동하는 모든 것도 마음의 발로이다. 그러므로 언행을 보면 그 마음을 알 수 있기에 바르게 말하고 행동하라고 가르친다. 마치 향을 싼 종이에서 향내가 나고, 생선을 싼 종이에서 비린내가 나는 것과 같기 때문이다. 이 같은 마음의 성질을 『대승본생심지관경』에서는 비유를 들어 설명하는데, 간추리면 다음과 같다.

마음과 마음의 대상인 법의 본성本性이 텅 비어 적막하니 비유로 그 뜻을 밝히겠노라. 마음은 눈속임과 같나니 두루 헤아림으로 말미암아 갖가지 마음의 생각이 생겨나서 괴로움과 즐거움을 받기 때문이요, 마음은 흐르는 물과 같나니 생각 생각이 나고 소멸하여 전후前後에 잠시도 머무르지 않기 때문이요, 마음은 큰바람과 같나니 찰나 사이에 오고 가기 때문이요, 마음은 번갯불과 같나니 잠깐 동안이라도 머물러 있을 수 없기 때문이요, 마음은 원숭이와 같나니 오욕五慾의 나무에서 놀면서 잠시도 머무르지 않기 때문이요, 마음은 화가와 같나니 능히 세간의 갖가지 빛을 그리기 때문이요, 마음은 종과 같나니 모든 번뇌의 심부름꾼이 되기 때문이요, 마음은 국왕과 같나니 갖가지 일을 일으키는 데 자재하기 때문이요, 마음은 원수와 같나니 자신의 몸으로 큰 괴로움을 받도록 하기 때문이요, 마음은 그림자 같나니 덧없는 법에 대해 늘 그러하다고 집착하기 때문이다.

『화엄경』에 또 이런 말이 있다.

세상의 참다운 모습眞相을 남김없이 이해하고 보면, 그것이 이름假
名일 뿐 실체가 없는無實 것임을 알게 된다. 그러므로 중생과 세계
는 꿈같고 그림자 같다.

쉽게 동의하기 어려운 말 같지만 '이것이 있으므로 저것이 있다'
는 연기緣起와 함께 생각해 보면 수긍이 갈 것이다. 즉 여러 조건이
모여 생긴 존재가 이름을 가지더라도 인연이 다해 흩어지고 나면
이름만 남는 것이다.

이상은 마음이 만들어 낸 일체의 현상과 존재의 관계를 밝힌 것
이다. 이것을 간단히 말하면 부처님오신날 즐겨 회자되는 "관념,
현상天上과 물질, 존재天下에서 벗어나解脫 주인공이 되어라唯我獨
尊"이다.

수심修心,
마음을 닦는다는 것

●

집착을 끊는 마음을 닦는 자는
능히 탐욕과 화를 멈춘다.
『열반경』

90년대 초 제주도의 어느 절에 있었을 때의 일이다. 백일기도를 하고자 찾은 곳인데 마침 그곳에 취업 준비생들도 있었다. 그들과 마당을 사이에 두고 서로 마주보는 곳에 거처하였다. 처음 며칠 동안은 도량에 적응하느라 바빴지만 조금씩 안정될 때였다.

여느 사찰의 생활 방식대로 저녁 아홉 시에 잠자리에 들려는데 맞은편 창문이 환하였다. 순간 이런 생각이 들었다.

'출세하기 위해서도 저렇게 늦게까지 공부하는데 수도한다면서 시간에 맞춰 잠을 잔다는 것이 말이 되는가?'

그래서 말뚝 같은 신심으로 바로 자리에 틀고 앉았다. 얼마나 지났을까? 처음의 각오와는 달리 두 눈은 감기고 허리는 구부정한 상태로 연신 절을 하듯 머리를 끄덕였다. 그렇게 억지로라도 버텼으나 아픈 다리 때문에 어쩔 수 없이 일어났는데 그들은 여전히 어둠을 밝히고 있었다. 내심 '불 끄고 자면 얼마나 좋을까?' 하는 어리석은 투정을 부렸다. 마치 잠을 자지 못하는 것이 그들 때문인 것처럼 말이다. 하여튼 자정을 가리키는 시계를 보며 '새벽 세 시에 일어나야 하기 때문에 어쩔 수 없다'고 스스로를 위로하면서 자리에 누웠다. 그렇게 경쟁하듯 보내던 시간은 차가운 눈 속에서 봄을 준비하는 새싹처럼 외적으로는 조용했지만 내적으로는 치열하였다.

스스로를 다스리는 것은 쉽지 않은 일

봄기운이 조금씩 감돌던 어느 날 그들과 차 마실 기회가 있었다. 이런저런 얘기 끝에 뜬금없이 "스님 때문에 수신修身하듯 공부한다"는 말을 듣고서는 그 뜻을 몰라 어리둥절하였다. 그래서 무슨 뜻인지 물었다. 그러자 자신들은 '목표가 분명하기 때문에 공부할 수밖에 없지만 편하게 지내는 줄 알았던 스님이 늦게까지 불을 켜고 있으니 잠을 잘 수 없다'는 것이었다. 그 말에 그간의 전후 사정이 머릿속에 그려졌다. 그래서 "저 역시 같은 마음에 늦게까지 공부합니다" 하자 일순간 건강한 웃음이 고즈넉한 사찰 안을 가득 메웠다.

그런 뒤에도 각자의 방에서 흘러나오는 불빛이 늦게까지 어둠을 밝히곤 하였다. 그러던 어느 날 특별한 볼일은 아니지만 차를 빌려서 밖으로 나갔다. 조금 가다가 길을 잘못 들어선 것 같아 되돌아 나오려는데 처음 다뤄 보는 차종이라 후진 기어 조작이 낯설었다. 나중에 안 사실이지만 기어를 중립에 놓고 위에서 아래로 눌러push 후진 쪽으로 밀어 넣는 방식이었다. 그것을 몰랐기 때문에 좌우 회전을 포함한 직진밖에 할 수 없었다. 운전대를 잡은 내내 경주마처럼 앞으로만 달리는 자신이 왜 그렇게 우습던지…. 결국 먼 길을 되돌아와야 했다. 이처럼 한갓 기계도 전진과 후진의 구분이 분명한데 인생에서의 진퇴 문제는 더욱 명확해야 할 것이다. 언제 나아가고 물러서는지는 상황에 따른 처신이기보다 자신을 다스리는 수신의 의미가 더 강하기 때문이다. 불교에서 말하는 '계율'도 수신의 의미를 포함하는데 『증일아함』 구중생거품에서 몇 가지를 간추리면 다음과 같다.

어질고 사리에 밝은 이는 태도가 단정하고 음성이 맑으며, 걸음걸이는 조용하고 때를 알아 행하며, 음식의 절제를 알고 항상 만족할 줄을 알며, 산란하지 않기를 생각하고 잠이 적으며, 또 욕심이 적어 은혜를 갚을 줄 아느니라.
이렇게 어진 이는 나고 들기와 가고 오기와 나아가고 그치는 예절이 마침내 그 법도를 잃지 않는다. 이와 같이 어진 이는 그 태도가 단정하니라.

어떻게 음성이 맑은가. 뜻과 이치를 잘 분별하여 마침내 착란하지 않는다. 어떻게 걸음걸이가 조용한가. 때를 알아 행하되 차례를 잃지 않는다. 또 외울 만한 것은 외울 줄을 알고 익힐 만한 것은 익힐 줄 알며 침묵해야 할 것은 침묵해야 할 줄 알고 일어나야 할 때에는 일어날 줄을 안다. 이와 같은 어진 이는 때를 아느니라.

어떻게 때를 알아 행동하는가. 가야 할 때에는 곧 가고 머물러야 할 때에는 곧 머무르며 절차를 따라 법을 듣는다. 이와 같은 어진 이는 때를 알아 행하느니라.

어떻게 음식의 절제를 아는가. 음식에 남음이 있으면 남과 함께 나누어 그 소유를 아끼지 않는다. 이와 같은 이는 음식의 절제를 아느니라.

수심에 따라 달라지는 결과

그러나 스스로를 다스린다는 것은 결코 쉬운 일이 아니다. 그것은 자리를 두고 벌어지는 여러 상황에서도 알 수 있다. 높은 자리나 좋은 자리에 앉고 싶어 하고 또 그런 자리를 얻지만 그 결과가 항상 만족스러운 것은 아닌 것 같다. 남다른 노력 끝에 높은 곳에 올랐지만 오히려 지탄의 대상이 되거나 영어의 몸이 되기도 하기 때문이다. 또는 안타까운 일도 벌어지는데 왜 이런 일이 일어나는 것일까?

다양한 이유가 있을 수 있으나 수심修心도 그 가운데 하나일 것이다. 어떻게 마음을 쓰는가用心에 따라 행동이 변하고 그에 따른 결과도 달라지기 때문이다. 그래서 성인들은 한결같이 먼저 자신에게 엄격했다.

천태원 법사도 스스로를 경책하는 글에 "욕심의 불길은 공덕의 숲을 태운다"며 탐욕을 경계했으며, 설두명각 선사는 유문에 "시기를 관찰해 나아가고 머무름에 스스로 욕됨이 없도록 하라"며 경거망동을 주의했다. 자신을 다스리는 말이 어디 이뿐이겠는가마는 그 어떤 것도 『열반경』의 가르침을 벗어나지 않을 것이다.

사랑하는 마음慈心을 닦는 자는 능히 탐욕을 끊고, 가엽게 여기는 마음悲心을 닦는 자는 능히 성냄瞋心을 참고, 기뻐하는 마음喜心을 닦는 자는 능히 괴로움不樂을 다스리고, 집착을 끊는 마음捨心을 닦는 자는 능히 탐욕과 화를 멈춘다.

두려움은
스스로 지어낸 관념

●

마음이 일어날 때 갖가지의 현상이 생기고
마음이 사라질 때 온갖 경계도 사라진다.
『능가경』

　'절'은 불도佛道를 수행하는 곳으로 사원, 사찰, 도량 등 여러 이름으로 불린다. 『천수경』에서는 "도량이 청정해서 더러움이 없어야 한다" 하였으며, 『법원주림』에서는 "악을 멀리하고 선한 것을 가까이하는 곳"이라 정의하였다. 그러므로 부처님 도량은 가르침法香으로 충만해서 수행自利으로 청정하고 공덕利他으로 원만해야 한다. 또 사찰은 그 성격상 성지聖地인데 부처님의 진신사리를 모신 곳은 특별히 '적멸보궁'이라 일컫는다. 이러한 성지를 순례하는 일은 그 성격에 따라 크게 법法을 구하는 '구법 순례'와 성지를 참배하는

'성지 순례'로 나눌 수 있다.

순례를 떠나는 동기나 과정은 다양할 것이다. 그 가운데 혼자서 하는 순례는 모든 문제를 스스로 해결해야 한다. 그리고 산에서 산으로 이어지는 일정에서는 일부러 그런 것이 아니지만 비박biwak(텐트 없이 한데서 밤을 지새우는 일을 뜻하는 독일어)을 할 경우도 있다. 그럴 때 이런 저런 사정 때문에 속 편하게 잠들기 어렵다. 즉 온갖 번뇌로 잠을 설치는데 그러나 막상 자고 나면 아무런 일도 없다. 깊은 산속 어두운 곳에 혼자라는 이유로 괜한 번뇌를 만들어서 고생하는 것이다.

두려워하는 습관, 단박에 떨치기 어려워

필자가 혼자서 처음 비박을 한 곳은 경주 남산이었다. 사연은 대충 이렇다. '경전을 펼치면 마치 도인 같았으나 덮으면 영락없는 범부'라는 사실이 못내 불편하였다. 그 가운데서도 특히 두려움이 해결되지 않았다. 부끄럽지만 흔히 말하는 귀신처럼 실체가 없는 것에 대한 막연한 공포심이 있었다. 『석마하연론』에 다음과 같은 내용이 있다.

온갖 경계는 마음이 그릇되게 움직여 일으켜 놓은 것들이다. 그러므로 마음을 그릇되게 움직이는 것을 제거하면 온갖 경계가 사라진다.

경전을 볼 때면 시간적으로 과거·현재·미래의 삼세에 유유자적하고 중생이 윤회하는 공간인 지옥·아귀·축생·인간·수라·천상인 육도에서도 자유자재한 것처럼 착각하다가도 경전을 덮으면 숨 쉬는 송장이요 눈뜬 봉사였던 것이다. 『능엄경』에서 하는 말과 딱 같은 상황이었다.

이치를 단박에 깨칠 수 있으나, 밴 습관은 한꺼번에 제거되지 않는다.

출가 전 어릴 적에 "뭐가 제일 무섭냐?"는 부모님 물음에 "귀신"이라 하자 "죽은 사람은 너를 해치지 못한다"는 알듯 말듯 한 말씀을 들었으나 겁은 여전하였다. 사회에서는 겁이 많거나 담력이 부족하더라도 크게 문제될 것이 없겠지만 출가자가 되어서도 그러면 곤란한 일이 아닐 수 없다. 그 이유 가운데 하나는 사찰에서는 망자亡者에게 설법하는 시다림尸陀林 같은 의식도 하기 때문이다. 대장부라 큰소리치다가 장례 과정에서 두려움 때문에 머뭇거린다면 서로를 당황스럽게 만들 것이다. 그나마 다행인 것은 그런 일이 자주 있지 않았다. 그러나 산사의 특성상 외진 곳에 자리한 해우소처럼 으슥한 데를 다니는 것은 고역이었다. 특히 바람 불고 비 오는 날 저녁에 그런 곳을 지날라 치면 왜 그렇게 주위를 두리번거리게 되는지…. 시쳇말로 체면이 말이 아니었다.

한마디로 말하면 '생사 해탈이 어떻다'고 하면서 두려움 때문에 화장실도 편하게 다니지 못하는, 그야말로 말로만 도인이었다. 그러던 중 정확한 기억은 아니지만 어느 책에서 본 두려움의 원인은 다음과 같다.

"책을 볼 수 있을 만큼 눈과 떨어뜨려 놨을 때는 그것을 식별할 수 있지만, 점점 눈 가까이로 당기면 시야가 가려지면서 글과 책을 함께 볼 수 없고 그 외의 것도 인식할 수 없게 된다. 그래서 인식할 수 없을 때 불안을 느끼게 되는데 그 근원은 죽음에 대한 두려움이다."

두려움과 공포, 지혜로 비추면 곧 소멸

위의 내용을 달리 말하면 이렇다. 똑같은 길을 홀로 낮에 걸을 때와 밤에 걸을 때를 가정해 보자. 대체로 낮에는 별 문제 없겠지만 밤에는 무서울 것이다. 어두워서 보이지 않는 것 말고 달라진 것이 없는데도 그렇다. 하나의 길인데도 보이느냐, 보이지 않느냐 즉 인식할 수 있느냐, 없느냐에 따라 마음이 달라지는 것이다.

여기서 '인식한다'는 것은 결론적으로 말하면 '안전을 판단한다'는 의미다. 낯선 곳에서 느끼는 불안이나 모르는 것에 대한 경계심도 같은 맥락이다. 그렇다면 그동안 인식할 수 없던 것에서 느끼던 두려움은 결국 안전 확보의 문제라고 할 수 있다.

생명을 지닌 존재가 느끼는 가장 큰 두려움은 죽음에 대한 공포다. 어둠이 무서운 이유도 알고 보면 죽음에 대한 불안이 만들어 낸 두려움 때문이다. 이러한 이치를 모르면 어둠은 곧 무서움이라는 주관적 관념이 형성된다. 그래서 두려움을 귀신과 같은 개념과 연관 지어 '어둠과 두려움은 곧 귀신'이라는 복합적인 개념을 만드는 것이다. 그러고는 지속적으로 어둠과 귀신을 동일한 것으로 간주하고 반응한다.

만약 귀신이 실재한다면 그와 관련된 요인인 어둠이 제거되더라도 그 자체는 여전히 남을 것이다. 그러나 가상이라면 어둠이 제거될 때 귀신 역시 사라질 것이다. 요약하면 심적 상황에 따라 나타났다 사라지는 것은 스스로 만들어 낸 관념에 불과하다. 이것을 불교계에서 자주 하는 말에 빗대면 '모든 것은 마음으로 짓는다'는 일체유심조—切唯心造의 범주다.

"간밤에 모르고 마실 때는 시원했으나 해골에 고인 물인 줄 알고 난 뒤에는 구역질이 났다"는 원효 스님은 "마음이 일어나면 갖가지 현상이 일어나고 마음이 사라질 때 동굴과 무덤이 둘이 아니었다"는 말로 그 이치를 드러냈다. 또 『능가경』에서는 다음과 같이 말한다.

마음이 일어날 때 갖가지의 현상이 생기고 마음이 사라질 때 온갖 경계도 사라진다.

이 같은 경지는 아니더라도 글이 아닌 몸으로 그런 사실을 체득하고자 경주 남산에서 혼자 잠을 잤던 것이다.

몸과 마음을
평화롭게 하는 인욕의 힘

●

인욕이야말로 힘이 많으니
악을 품지 않는 까닭에 몸과 마음이 아울러 편안하고 건강할 수 있으며,
참는 사람은 악이 없기 때문에 반드시 부처가 되느니라.
『사십이장경』

　　살다 보면 생각지도 못한 난감한 상황에 직면할 때가 있다. 그 가운데는 온갖 고통과 번뇌 등을 참는 수행법의 하나인 '인욕忍辱'을 억지로라도 해야 하는 경우도 생긴다. 아직 수행이 익지 않아서 인욕이 자연스럽게 이뤄지는 것이 아니라 생각으로 헤아려 보는 것이다. 이러한 인욕은 크게 자신의 마음을 따르는 것과 거스르는 것으로 나눠 볼 수 있다.

　　어떤 상황이 자신의 뜻에 부합되면 순경계順境界라 하고 그렇지 않으면 역경계逆境界라 한다. 일반적으로 좋아하는 것은 따르고 싫

어하는 것은 거스르고 싶을 것이다.

그러나 수행의 관점에서 본다면 자신의 마음에 흡족하거나 부족해도 참아야 한다.

좋아하는 것도 인욕의 대상

좋아한다고 앞뒤 가리지 않고 덥석 움켜쥐었다가는 인과의 과보가 따를 것이고 싫어한다고 쉽게 내팽개쳤다가는 자비의 본질에서 벗어날 수 있기 때문이다. 또 부처님 가르침인 무아無我를 바탕으로 이야기한다면, 우리의 존재는 상일주재常一主宰(항상하고 주재)하는 '나'가 아니므로 참고 말고 할 주체마저 찾을 수 없다. 그러나 막상 어떤 상황에 처했을 때 인내와 비례하며 갈등하는 자신을 보는 것도 사실이다. 그래서 인욕에 따른 여러 공덕을 이야기하는데『사십이장경』에 다음과 같은 말이 있다.

> 인욕이야말로 힘이 많으니 악을 품지 않는 까닭에 몸과 마음이 아울러 편안하고 건강할 수 있으며, 참는 사람은 악이 없기 때문에 반드시 부처가 되느니라.

사전에서는 인욕을 '외부로부터의 핍박을 감내해서 마음을 안온하게 하는 것이다' 하였다. 설사 '타인의 핍박을 받더라도 참아야 한다'는 뜻이다. 그 참음의 기준과 한계 그리고 종류는 상황마다 다를 것이므로 전체를 이야기하기보다 인내의 마음가짐에 대해 간략히 말하면 다음과 같다.

'타인에게 괴롭힘을 당하더라도 성내는 마음을 내지 말라.' 그리고 '고난에 처하더라도 신심에 동요를 일으키지 말라.' 그래서 '인욕의 이치를 잘 알면 수행자의 규범戒을 깨뜨리는 허물에서 벗어 날 수 있다.'

이상은 인욕의 자세와 공능을 요약한 것이다.

『잡아함』박계경에 '지혜 있는 자는 어리석은 자와 다투지 않는다'는 내용의 이야기가 있다. 제석천이 전투에서 패한 아수라의 왕 비마질다라를 단법전斷法殿 아래 묶어 두었다. 그런데 제석천이 그곳을 드나들 때마다 아수라의 왕은 악을 쓰며 욕설을 퍼부었다. 그런 모습을 본 제석천의 마부가 게송으로 이렇게 말하였다.

"제석천이시여, 저자가 두렵습니까? 아니면 힘이 모자라십니까? 아수라가 면전에서 욕하는데도 그 치욕을 참고 견디시는군요."
그러자 제석천이 대답하였다. "저자가 두려워서 참는 것도 아니요, 또한 내 힘이 모자라는 것도 아니다. 어찌 지혜로운 사람으로서 어리석은 저자와 상대하리."

마부가 다시 말하였다. "만일 그저 참기만 한다면 아마도 어리석은 사람들은 무섭고 두려워서 참는다고 말할 겁니다. 그러므로 마땅히 호되게 다스리고 지혜로써 어리석음을 눌러야만 합니다."

제석천이 다시 대답하였다. "나는 언제나 상대방을 관찰함으로 어리석은 이들을 제어하나니 어리석은 사람은 성냄이 많지만 지혜로운 이는 침묵으로 항복받는다. 힘이 없으면서 힘이 있는 척 하는 것, 그것이 바로 어리석음이다. 어리석은 이는 법을 어기나니 그에겐 도道라는 게 전혀 없다. 만일 큰 힘을 가졌으면서도 모자라는 이에게 참을 수 있다면 그것은 훌륭한 참음이 되리니, 힘이 없는데 어떻게 참을 수 있으랴. 상대가 몹시 성내는 줄 알았거든 도리어 자신을 침묵으로 지켜라. 참는 이를 어리석은 자라고 말하는 것은 그가 법을 보지 못하기 때문이니 어리석은 자는 참는 이를 이겼다 말하면서 그 위에 다시 욕설을 더한다. 그는 남의 욕설을 참아 내는 일이 이기는 것임을 모르는 것이다. 그러므로 나보다 센 사람에게 참는 것은 정말로 두려워서 참는 것이요, 나와 같은 이에게 그저 참는 것은 인내를 다투어 참는 것이며, 나보다 못한 이에게 인내하는 것 그야말로 최상의 참음이니라."

어리석어 계율戒을 어기는 일도 있겠지만 참지 못해 규범戒을 범하는 일도 있을 것이다. 이것을 구체적으로 우리의 행위와 연관시키면 비록 남이 나를 괴롭히더라도 몸을 단속해서 인내하는 신인행身忍行과 타인의 거친 말에도 투쟁을 일으키지 않는 구인행口忍行, 그리고 상대로부터 수치를 당하더라도 원한을 갖지 않는 의인행意忍行이 있다. 간단히 말하면 몸으로 참고, 입으로 인내하고, 생각으로 감내하라는 뜻이다. 그 이유는 좋고 싫은 감정을 다스리지 못하면 결국 평온을 지키는 계戒를 파하게 되고, 그로 인해 종국에는 해탈과 열반까지 멀어지기 때문이다.

인욕바라밀은 열반의 지름길

'참을 인忍 자 셋이면 살인도 면한다'는 말이 있다. 그러나 '인욕'이 무조건 억누르고 견디라는 뜻은 아니다. 억지로 참는 것은 단순히 삭이는 것에 지나지 않기 때문에 한계에 다다르거나 똑같은 상황이 생기면 그 과정을 반복하게 된다. 또 그렇게 인내하는 것은 그냥 '인욕'이라 하지만, 일체가 공空한 이치를 알고 행하는 인욕은 '인욕바라밀忍辱波羅蜜'이라 한다.

'바라밀'이란 열반의 경지에 이르려는 수행의 총칭으로 인욕으로 해탈에 이르고자 정진하는 것이 인욕바라밀이다. 그래서 앞서 인용한 글에 "참는 사람은 악이 없기 때문에 반드시 부처가 되느니라"한 것이다. 그러나 욕망의 달콤함을 절제하기 어렵듯이 억울한 것에 대한 분노를 억제하기도 힘들다. 다만 인욕하지 않았을 때 감당해야 할 결과를 잘 알기 때문에 억지로라도 참을 것이다.『중아함』장수왕본기경에 이런 말이 있다.

만일 다툼으로 다툼을 막으려 하면 끝내 그침을 보지 못하느니라. 오직 참는 것만이 다툼을 막나니 이 법은 존귀하다 할 만하니라.

일반적으로 하고 싶은 것을 참는 것은 어느 정도의 절제력만 있으면 가능하다. 그러나 억울하거나 부당한 경우를 당했을 때 일어나는 화를 다스리기란 그리 간단한 문제가 아니다. 그래서 감정이 흐르는 대로 따라가면 한순간의 기분은 풀릴지 모르지만, 그와 동시에 감당해야 할 멍에도 함께 짊어져야 한다. 이 관계를『선가귀감』에서 다음과 같이 말한다.

성내는 마음 한번 일으키면 백만 가지 장애의 문이 열린다.

욕심에는
장애가 뒤따른다

●

괴로움의 덩어리는 욕심을 원인으로 하고 욕심을 인연으로 하며,
욕심을 근본으로 한다.
이로 말미암아 서로 다투고 다툰 뒤에는 서로 헐뜯는다.
서로 다투고 미워하기 때문에 갈수록 서로에게 해를 입혀서 두려워하고 고통을 받는다.
『중아함』

욕망에 따르는 달콤함이 우리를 충동질한다. 그래서 한껏 부푼 마음에 "욕심을 부려도 장애가 없다"면서 스스로를 합리화시키기도 한다. 마치 욕심에 따른 허물이 대상에 있는 것처럼 말이다.

즐거운 마음으로 뭔가를 하고자 하는 정신 작용을 불교에서는 '하고자 할 욕欲'으로 표현한다. 이러한 중생의 욕망을 설명하는 '오욕五欲'은 크게 두 가지다. 먼저 하나는 중생이 살아가면서 공통적으로 갖는 재물욕財, 이성욕性, 음식욕食, 명예욕名譽, 수면욕睡眠이다. 다른 하나는 우리의 감각 기관에 대응하는 대상을 따라 일으키

는 물질욕色欲, 소리욕聲欲, 향기욕香欲, 미각욕味欲, 촉각욕觸欲이다. 어느 것이든 세속적 욕망의 양상에 대해 말하는 것으로 대상과 감각 기관의 관계를 요약하면 다음과 같다.

욕망은 무조건 나쁜 걸까

불교에서는 우리의 감각 기관을 다섯 가지로 나눠서 오근五根이라 하는데 눈眼, 귀耳, 코鼻, 입舌, 몸身이다. 그리고 그 각각에 대응하는 대상인 물질色, 소리聲, 향기香, 맛味, 촉觸을 오경五境이라 한다. 또 오근과 오경의 관계, 즉 각각의 감각 기관에 대응하는 대상만을 인식하는 작용을 '오식五識'이라 하는데 안식眼識, 이식耳識, 비식鼻識, 설식舌識, 신식身識이다.

이 구조를 간단히 말하면 이렇다. 감각 기관은 근根이며 그 대상은 '경境' 또는 '경계境界'이고, 둘의 관계에서 일어나는 인식 작용은 식識이다. 그 관계를 순서대로 나열하면 다음과 같다.

눈으로 볼 수 있는 색경은 모양이나 빛깔, 귀로 들을 수 있는 성경은 소리, 코로 맡을 수 있는 향경은 향기, 혀로 느낄 수 있는 미경은 맛, 몸으로 느낄 수 있는 촉경은 촉감이다. 이처럼 다섯 가지 감각 기관이 각각의 대상(경계)을 인식(반응)한 뒤 일어나는 종합적인 인식의 결과를 크게 세 가지로 나누면 다음과 같다. 좋아하든지好, 싫어하든지不好 아니면 아무렇지도 않은無記 것이다. 이런 식으로

'하고자 하는 정신 작용'인 욕欲도 세 가지로 나눌 수 있다. 선善과 악惡 그리고 선악으로 규정지을 수 없는 무기無記다. 쉽게 말하면 이로운 욕심도 있고, 해로운 욕망도 있으며, 이롭지도 해롭지도 않은 욕구도 있는 것이다. 이 같은 내용을 보면 불교에서 욕欲을 무조건 나쁜 것으로 치부하는 것이 아님을 알 수 있다.

사전에서는 '합당한 의욕'에 대해 정성스럽게 애쓰는 마음을 부지런히 일으키는 근거라고 하였다. 그러나 '부당한 의욕' 특히 타인의 재물을 억지로 가지려는 것은 탐욕이다. 환언하면 자기 계발을 통해 스스로를 발전시키며 행복을 도모하는 것은 상식이지만 타인이 주지 않는 것을 가지려는 것은 허물인 것이다.

선한 욕망 vs. 악한 탐욕

이쯤에서 가만히 생각해 보면 우리의 감각 기관을 따르는 대상, 즉 경계는 절대 선이나 악으로 확정 지을 수 없다. 그것은 욕망의 대상이지 욕망 그 자체가 아니기 때문이다. 그런데 '왜 오경五境을 어감상 번뇌에 가까운 오욕의 범주에서 설명할까?' 하는 의문을 가질 수 있다.

예를 들어 대체로 귀하거나 좋은 것을 가지려는 것은 인지상정이다. 수행자가 아니라면 견물생심은 자본주의 체제에서 무리 없는 인식이며 경제 활동의 기본 바탕이기도 하다. 다만 과도한 물욕 때문에 벌어지는 악행이 문제일 뿐이다. 이렇게 보면 누군가 부당한 방법으로 대상을 취했다고 해서 대상 그 자체를 선이나 악으로 규정짓기 어렵다. 그런데도 중생심은 그렇지 않은가 보다. 예를 들면 절제하지 못한 자기의 욕망을 탓하기보다 "그놈의 돈이 원수다"라거나 "나는 안 그러려고 했는데 자꾸만 유혹해서"라며 본인의 책임을 대상에게 전가하려 하기 때문이다.

만약 위와 같이 대상이 문제라면 이렇게 반문할 수 있다. '대상이 자신을 취하라고 유혹하던가?' 예를 들면 보석이 자신을 보고 '나를 가져라'라고 속삭이든가? 만약 그렇다면 그것은 단지 자신의 욕망을 대상에 덧씌워 임의대로 해석한 것에 지나지 않는다. 다르게 말하면 자기 자신이 대상(경계)에 가치를 부여한 뒤 분별심으로 취사선택한 것이다.

꽃을 예쁘다고 하더라도 그냥 꽃일 뿐이다. 꽃에는 예쁘다든지 추하다든지 하는 고정된 가치가 없다. 그러면 누가 예쁘다고 하는가? 그것을 대하는 사람이 가치나 의미를 부여하는 것이다. 그렇듯이 물질에는 선이나 악이라는 개념이 없다. 식칼을 예로 들면 가족을 위해 음식을 장만할 때는 유용한 도구다. 그러나 사람을 위협하는 데 쓰면 흉기가 된다. 즉 대상 자체에는 좋고 나쁘다는 식으로 고정된 가치가 없다. 어떻게 쓰느냐에 따라 가치가 달라지는 것인데, 그 가치를 정하는 것은 물질을 대하는 욕망의 문제다. 달리 말하면 욕망에 따른 허물은 대상에 있는 것이 아니라 자신에게 있다. 그리고 대상에 집착하면 끌려다니는 장애가 따르는데 이런 장애를 유발하는 것은 대상(경계)이 아니라 자신의 욕망이다. 이러한 이치를 모르면 "욕심을 부려도 장애가 없다"면서 오욕락五欲樂을 마음껏 누리려 한다. 마치 우리가 추구해야 할 최고선쯤으로 여기면서 말이다. 그리고 욕락, 즉 쾌락은 괴로움과 즐거움이 병행하는 구조여서 동전의 양면과 같다. 그 관계를 간추린 『중아함』 고음경을 통해서 보면 이렇다.

오욕에 공능이 있어, 사랑할 만하고 생각할 만하며, 기뻐할 만하고 욕심과 서로 응하여 사람을 즐겁게 한다. 그것은 곧 눈은 빛깔을 알고, 귀는 소리를 알며, 코는 냄새를 알고, 혀는 맛을 알며, 몸은 촉감을 아는 것이니 이로 말미암아 안락과 환희를 얻게 한다. 이 욕심의 맛은 지극해서 다시 이것보다 더한 것이 없으므로 우환이 되는 바가 매우 많다.
어떤 것을 욕심의 우환이라 하는가. 중생들은 추울 때에 추워하고, 더울 때에 더워하며, 굶주리고 목마르고 피로하며, 모기 등에 뜯기면서 여러 가지 방편으로 재물 구하기를 도모한다. 여러 방편을 행하고 구하다가, 만일 재물을 얻지 못하면 곧 걱정하고 괴로워하며, 슬퍼하고 번민해서 어리석음이 생긴다. 또한 재물을 얻으면 곧 그를 사랑하고 아껴 보호하고, 비밀히 감춘다. 그러다가 만일 빼앗기거나 잃어버리면 걱정하고 괴로워하며, 시름하고 슬퍼하면서 어리석게도 이렇게 말한다. "오랫동안 사랑할 만한 것을 가지면 곧 잃어버린다."

이 같은 괴로움의 덩어리는 욕심을 원인으로 하고 욕심을 인연으로 하며, 욕심을 근본으로 한다. 이로 말미암아 서로 다투고 다툰 뒤에는 서로 헐뜯는다. 서로 다투고 미워하기 때문에 갈수록 서로에게 해를 입혀서 두려워하고 고통을 받는다. 그러므로 마땅히 알라. 욕심이란 전혀 즐거움이 없고 한량이 없는 괴로움과 우환이다.

『중아함』 아리타품에서는 간단히 이렇게 말한다.

욕심에는 장애가 있다. 다만 어리석은 사람은 가르침을 거꾸로 이해하기 때문에 고통만 받아 피로할 뿐이다.

재물, 있어도 걱정
없어도 걱정

●
어리석은 사람은 재물 모으기에 열중한다.
그리하여 때로는 정상적인 방법으로 때로는 비정상적인 방법으로 재물을 모아 쌓아 놓지만
하루아침에 수명이 다하고 말 때 재물은 그 몸을 따라가 주지 않는다.
『생경』

　『중아함』 행욕경에 급고독 장자가 "세존이시여, 세상에 욕심을
부리는 사람이 몇이나 있습니까?" 여쭙는 구절이 있다. 세상에 욕심
없는 사람이 어디 있을까마는 이 말은 아무래도 욕심 자체보다 행
태에 관한 물음일 것이다. 그래서인지 부처님도 다음과 같이 말씀
하신다.

　"거사여, 세상에 욕심 부리는 사람이 대략 열 가지가 있다" 하며
일일이 열거하는데 그 내용을 간단히 요약하면 다음과 같다.

만일 법답거나 법답지 않게 재물을 구해 타인에게 이바지하지도 않고 자기도 쓰지 않고 또한 베풀어 복도 짓지 않으면 이것은 악이 있나니 욕심 부리는 중의 최하니라. 또 만일 법답게 재물을 구하여 자기 스스로 수고로이 얻은 것을 남에게도 주고 또 자기도 쓰면서 널리 베풀어 복까지 지으면 이것은 덕이 있나니 욕심 부리는 중의 최상이니라.

욕심과 관련해 『생경』에는 이런 말이 있다.

어리석은 사람은 재물 모으기에 열중한다. 그리하여 때로는 정상적인 방법으로 때로는 비정상적인 방법으로 재물을 모아 쌓아 놓지만 하루아침에 수명이 다하고 말 때 재물은 그 몸을 따라가 주지 않는다.

즉 어떤 자는 욕심을 부리는데 규칙法도 없고 도리道도 아니게 재물을 모으는가 하면 어떤 이는 법도로써 늘린다. 재물을 구하는 수단과 목적에서 보자면, 욕심에 끌려다니면 수단이 올바르지 못할 수 있다. 그러나 목적이 바르면 욕망을 다스릴 수 있다.

재물을 많이 얻으면 행복할까

『잡아함』 재리경에 이런 말이 있다.

세상에 훌륭하고 값진 재물을 얻었으면서도 탐착하지 않고 방일
하지 않으며 삿된 행을 행하지 않는 사람은 적소. 세상에 훌륭하고
값진 재물을 얻으면 그 재물에 방일하고 탐착하여 온갖 삿된 행을
행하는 사람은 많소.

'사람은 재물로써 몸을 기르는 밑천으로 삼기 때문에 그것을 욕
심내어 구해서 좋아하고 집착하므로 버리지 못한다' 하였다. 그러
므로 재물을 구하는 데 많은 시간과 노력을 기울인다. 그렇다고 '막
상 원하는 대로 됐다고 해서 정말 행복할까?' 하는 물음에 현명한
사람은 아마 미소 지을 것이다.

뭐든지 있는 만큼 번뇌가 따르기 때문인데 없으면 없어서, 있으
면 있어서 걱정하는 것이 소유에 대한 우리의 고민일 것이다. 『불설
대아미타경』에 다음과 같은 내용이 전한다.

사람들은 대체로 어려운 환경에서 살아가므로 빈부귀천 남녀노소
가 한결같이 걱정하는 것은 재물이라서 생각을 거듭할수록 마음
에 부림使役을 당해 잠시도 편할 때가 없으니 밭이 있기에 밭 걱정,

집이 있기에 집 걱정, 우마 따위의 가축과 의식 세간도 걱정거리 아닌 것이 없다. 귀인이나 부호일지라도 이런 근심은 있게 마련이니 그것이 마음에 맺혀 뜻대로 살지 못하는 것이다.

또 빈궁하면 늘 가난에 쪼들린 나머지 밭이 없으면 밭이 있었으면 하고 걱정, 집이 없으면 집이 있었으면 하고 걱정, 우마 따위의 가축과 의식 집물이 없으면 그것들이 있었으면 하고 걱정하는 바, 마침 하나가 있으면 다른 하나가 결여되어 아등바등하며 쉴 때가 없게 마련이다. 이렇게 살아가므로 진노에 빠져들어 재물을 탐하는 것이다. 그렇기 때문에 고뇌 속에서 벗어날 때가 없는 것이니 정말 딱한 일이다. 이제 말하노니, 세상일 중에 좋은 것을 택해 부지런히 실천하도록 하라. 애욕이나 영화는 영구히 지속되는 것이 아니니 언젠가는 모두 떠나게 되어 있다.

재물로도 무상을 막을 순 없다

재물뿐만 아니라 이성·음식·명예·수면에 대한 욕망과 더불어 모양이나 빛깔色·소리聲·향기香·맛味·감촉觸 등의 구별이 있으므로 각자의 성향에 따라 좋아하는 것이 다를 것이다. 그러므로 누구든지 자신이 좋아하는 것을 즐거움 가운데 으뜸으로 친다. 만약 소리에 재미를 느낀다면 그것이 제일이라 할 것이다. 그렇지 않다면 애착하지 않을 것이고 애착하지 않으면 최고라고 하지 않을 것이기 때문이다. 다른 것도 이와 견주어 생각하면 될 것이다. 그러나 그 것이 무엇이든 애를 쓰면서 집착하더라도 때가 되면 사라지는 것이 이치다. 이것을 『대승본생심지관경』에서는 이렇게 말한다.

가령 목숨이 백 살을 채우며 칠보가 갖추어져 온갖 쾌락을 누린다 해도, 염라대왕의 사자가 이르면 무상無常을 면하지 못한다.

행복의 비밀,
소욕지족

●

묘한 보배가 비처럼 내려도 욕심 많은 자는 만족하지 않구나.
비록 황금을 쌓아 산과 같게 한들 어느 한 사람도 만족하게 할 수 없다.
『중아함』

비디오 CD를 볼 때마다 DVD 플레이어 하나 있었으면 하는 아쉬움이 있었다. 이유는 보는 즐거움을 더하는 차별화된 음향 효과 때문이었다. 현장감을 느낄 만큼 생생한 사운드에 대한 미련을 떨쳐 버릴 수 없어 하나 장만하기로 했다. 그런 뒤 제품이 진열된 매장을 지나칠 때면 곁눈질을 하곤 했는데, 어느 날 진열 상품을 싸게 판다는 문구가 눈에 확 띄었다. 그렇게 TV에다 홈시어터로 구색을 갖추자 그동안 사용하던 비디오 CD 플레이어는 더 이상 필요 없어서 다른 곳으로 보냈다. 그런데 며칠 지나지 않아 홈시어터가 이상해졌다.

욕심은 또 다른 욕심을 부르고

제품을 점검한 제조사 서비스센터 기사는 "고장이지만 단종된 제품이라 교환은 어렵고 환불은 가능하다" 하였다. 다른 제품을 구입할 요량으로 환불받았지만 원하는 제품을 사기에는 금액이 부족했다. 결국 TV만 덩그렇게 남아서 그것마저 딴 곳으로 보냈다. 따지고 보면 DVD 플레이어가 들어와서 비디오 CD 플레이어를 보내고 자기도 나가면서 마지막 TV까지 끌고 가 버린 것이다. 쉽게 말하면 자산 하나 늘리려다 다 잃어버린 꼴이다.

각각의 물건도 이런 식으로 상호 관계 속에 있다. 여기서 이야기하려는 것은 사소한 물건이라도 인연 관계에서 보면 개별적으로 존재하지 않는다는 것이다. 마치 도마가 칼을 필요로 하는 것처럼 말이다. 그래서 작은 물건이라도 그 외연을 확장해 보면 하나가 아니다. 아무것도 없을 때는 뭐든지 하나만 있었으면 하지만 곧 하나를 갖추고 나면 그에 딸린 또 다른 하나가 필요한 이유가 여기에 있다. 이것은 그칠 줄 모르는 중생의 욕심과도 궤적이 같다. 그래서 욕심을 '가지려는 것에 싫증이 없는 정신 작용'이라 하는 것이다. 『중아함』 사주품에 다음과 같은 내용이 있다.

묘한 보배가 비처럼 내려도 욕심 많은 자는 만족하지 않구나. 비록 황금을 쌓아 산과 같게 한들 어느 한 사람도 만족하게 할 수 없다.

끝없는 욕심으로 재물을 독차지하고도 만족을 모르는 중생심을 꼬집는 말이다. 그러나 상식적인 사람은 혼자서 다 가지려고 애쓰기보다 나눠서 서로를 이롭게 할 것이다. 물질이란 상황에 맞게끔 썼을 때 그 가치가 제대로 드러나기 때문이다. 다르게 말하면 작용에 따라 귀천이 나뉜다. 그러나 그것을 모르면 독점하려고만 들 것이다. 이것은 자신의 것이 아까워 타인에게 베풀지 못하고 탐욕으로 만족을 모르는 간탐慳貪과도 같다.

『대장부론』에 부유하나 각박한 자와 가난하나 후덕한 이에 대한 글이 있다. 간추리면 이렇다.

> 부유한 이와 가난한 이, 두 사람에게 각각 구걸하는 사람이 오면 두 사람 모두 괴로워할 수 있다. 재물이 있는 자는 상대가 도와 달라고 할까 두렵고, 재물이 없는 자는 어떻게 도와줄까 고민하는 경우라면 그렇다. 두 사람이 모두 괴로워하는 것은 같을지 몰라도 그 과보果報는 다르다.

이 글이 소유와 분배의 문제로 비춰질 수 있으나, 여기서는 욕심의 양상을 이야기하는 것이다. 한편 욕심과 더불어 즐겨 쓰는 말 가운데 '지족知足'이 있다.

흔히 만족을 아는 것을 소욕지족少欲知足이라 한다. 그 의미는 물욕을 절제하는 것으로 욕망을 줄이고 만족을 아는 것이다. 이 말을 둘로 나눠 살펴보면 '소욕'이란 아직 얻지 못한 것에 과분한 탐욕을 일으키지 않는 것이며, '지족'이란 이미 얻은 것을 두고 적더라도 불평하지 않을 뿐만 아니라 한탄스럽게도 여기지 않는 것이다.

앞에서 인용한 경전에 다음과 같은 글이 있다.

> 지혜로운 사람은 마땅히 알라. 욕심이란 괴로울 뿐 즐거움이 없나니 (중략) 오욕五慾을 즐거워하지 않고 애욕과 욕심 끊어 집착하지 않으면, 그 사람은 부처님의 제자이니라.

법답게 얻고 또 나누면 기쁨을 얻나니

불자라면 욕심이 괴로운 것인 줄 알아야 한다. 그것은 세상일이 내 뜻대로 되지 않기 때문이다. 과도한 욕심으로 자타가 고통받는 것을 보면 쉽게 이해되는 대목이다. 그리고 소욕지족의 가르침이 금욕적인 생활을 강요하는 것처럼 보일지 모르나 실상은 균형 잡힌 경제 행위를 말하는 것이다.

불교에서는 출가자의 영리 활동은 금하지만 축적을 염두에 둔 재가자의 경제 활동은 저속한 것으로 치부하지 않는다. 오히려 근면하게 재물을 축적하는 것을 칭찬한다. 『중아함』 빈궁경에 다음과 같은 가르침을 보더라도 알 수 있다.

재물과 이익을 법다이 얻어 빚지지 않으면 안온을 얻고 보시를 행하여 기쁨을 얻나니 이 둘은 다 함께 이익을 가져 오네.

재물을 합당하게 축적하고 또 나눔에 따라 평온의 이익을 얻는다는 것은 곧 재물 자체를 부정하는 것이 아니다. 다만 재물을 어떻게 얻고 또 사용하느냐에 따라 그 결과가 고통이나 안온으로 나뉠 뿐이다.

투도의 결말은
고통뿐이니

●
인과因果란 우리가 짓는 선악이 인因이고,
그 때문에 받는 고락이 과果다.
『보살영락본업경』

『증일아함』 아수라품에 다음과 같은 글이 있다.

　보시가 없을 때에는 받을 생각을 내지 말고, 보시가 있을 때에는
곧 소화하여 물들거나 집착하지 말라.

　남이 주지 않는 것을 강제로 가지려 하면 투도偸盜, 즉 남의 것을
훔치는 잘못을 저지르게 된다. 그것은 비단 물질에만 한정된 것이
아니다. 타인의 가치를 넘보는 것도 해당된다. 그리고 인간만이 남

의 것을 탐하는 것은 아닌 것 같다. 어느 TV 프로에서 다른 쇠똥구리가 장만한 먹이만을 노리는 쇠똥구리를 봤기 때문이다. 남이 주지 않는 것을 힘의 논리로 집요하게 뺏으려고 애쓰는 것을 보면서 동족끼리 뺏고 빼앗기는 비슷한 사례를 떠올려 봤다. 이러한 현상이 축생계에서 벌어질 경우 생존 경쟁으로 치부하더라도 인간계에서는 이에 대한 윤리적 판단이 따른다. 달리 말하면 행위의 과보가 있는 것으로 『보살영락본업경』에서는 다음과 같이 설명한다.

> 인과因果란 우리가 짓는 선악이 인因이고, 그 때문에 받는 고락이 과果다. 과의 근거를 이루는 것은 인이고, 인을 근거로 생기는 것은 과다. 이같이 근거와 생기가 서로 의존해 있는 것을 한데 묶어 인과라 한다.

모든 행위에는 인과응보 따른다

원인과 결과의 연관성을 설명할 때 행위가 초래하는 결과를 '과보'라 한다. 그래서 원인을 결과의 입장에서 보면 '과거'지만, 이 과거를 '전생'으로 한정 지어서는 안 된다. 과거를 전생으로만 보는 것은 관견管見, 즉 대롱 구멍으로 세상을 내다보는 견해다. 여기서 말하는 '과거'는 인과의 이치를 밝히는 과정의 '과거'이기 때문이다. 그러나 '결과의 원인이나 원인의 결과를 탐구하기 어렵다無因有果 有因無

果'는 이유로 인과를 자의적으로 해석하거나 부정無因無果해서 엉뚱한 주장邪因邪果을 펼치기도 한다.

선한 원인에 즐거운 결과가 따르고, 악한 원인에 괴로운 결과가 따른다는 인과응보의 이치는 물이 아래로 흐르는 것처럼 자연스럽다. 그래서 투도의 결과가 고통이며, 그 고통을 빈궁과 곤란으로 설명하기도 한다. 가만히 생각해 보면 타인의 풍요를 훔쳤으니 빈궁을 겪게 될 것이고 남이 편리하게 쓰던 것을 슬쩍 가졌으니 곤란하게 될 것이라는 말은 인과응보의 가르침을 전하는 좋은 설명인 것 같다.『증일아함』대애도반열반품에 업, 즉 행위에 따른 인과응보의 과정을 곡식의 종자에 비유한 말이 있다.

대개 사람은 행을 닦을 때 악도 행하고 또 선도 행하지만 그들은 제각기 그 갚음을 받나니 그 행이 멸하는 것이 아니라서 그렇다. 만일 그 행을 찾아보면 그 과보를 받는 것을 알 수 있나니 선을 행하면 선의 갚음을 받고 악을 지으면 악의 갚음을 받는다. 악을 행하거나 선을 행하거나 그 사람의 익힘을 따르나니 마치 오곡의 종자를 심어 제각기 그 열매를 거두는 것 같다.

뭐든지 처음은 서투르지만 하면 할수록 익숙해질 것이다. 좋은 일이 그렇다면 나쁜 일도 그렇지 않을까. 예를 들면 더불어 사는 세상을 위해서 하는 적선도 처음에는 이런저런 이유로 망설여지지만 막상 하다 보면 보람을 느낄 것이다. 그래서 어떤 식의 기부라도 즐거운 마음으로 후회 없이 할 뿐만 아니라 하면 할수록 수월하게 된다. 그렇듯이 자신의 탐욕을 채우기 위해 저지르는 투도도 처음에는 가슴이 쾅쾅거리면서 발각될까 주위를 두리번거리고 누가 쳐다보면 들킨 것 같아 후회할 것이다. 그러나 자주 하다 보면 죄의식은 고사하고 쾌감을 느끼지 않을까 한다. 그래서 남의 것도 자기 것처럼 보이고 나아가 자신이 갖는 것을 당연시하는 것이다.

돌의 흠보다 옥의 티가 더 크게 보이는 법

『잡아함』과경에 보면 도둑이 남의 밭에 몰래 들어가 외瓜를 훔치면서 자신의 심경을 밝힌 노래가 있다.

"밝은 달이여 너는 뜨지 말라. 내가 이 외를 다 딸 때까지 기다려라. 내가 외를 가지고 떠난 뒤에 네가 뜨건 말건 뜻대로 하라."

만약 뭐든지 좋아서 하는 것을 즐거움이라 한다면 악행을 하는 입장에서는 투도도 즐거움일 것이다. 그러나 그렇게 즐거움으로 치더라도 악행에는 인과응보의 이치에 따라 고통이 수반된다. 즉 자신의 즐거움 때문에 의도적으로 타인을 괴롭히는 것은 인과응보가 따른다는 말이다. 예절에 어긋난 언행은 남의 이맛살을 찌푸리게 하는 정도에서 그칠 것이다. 그러나 다른 이들의 노력과 눈물을 빼앗은 뒤 그런 사실을 숨기려고 여기저기 선심을 쓰는 사악한 경우도 있다. 그것은 매우 교활한 짓이라서 이럴 때는 앞에 '극極' 자를 덧붙여 '극악'이라 한다.

투도는 그 범위가 넓은 만큼 종류도 다양한데 『잡아함』 화경의 내용으로 투도에 대한 단상을 대신하고자 한다.

어떤 수행자가 눈병이 나자 스승은 붉은 연꽃의 향기를 맡으라고 하였다. 그 처방대로 연꽃이 핀 못에서 바람결에 흩날리는 향기를 들이마시자 천신이 그 행위를 일러 도둑질이라 하였다. 수행자는 "꺾지도 않고 빼앗지도 않고 단지 향기 맡는 것을 어찌해서 도둑질이라 하는가?" 반문하였다. 그때 마침 몰래 연뿌리를 잔뜩 캐서 지고 가는 장정이 있어 그를 가리키며 그러면 "저 행위는 무엇이냐?" 묻자, 천신은 "미치고 어지럽고 간교한 사람을 구태여 말해서 무엇하리요" 하였다. 그러면서 "흰옷은 작은 먹물에도 쉽게 더럽혀지듯이, 청정한 이가 짓는 허물은 아무리 작아도 태산처럼 보인다"고 하였다.

집착을 놓아 버린
호미 현인처럼

●

크고 작은 맺음을 끊어 없애고 일체의 구속을 아주 벗어나
어디를 가서 노닐더라도 마음에는 얽매임과 집착이 없네.
그것은 마치 흰 연꽃이 물에서 나고 물에서 자라도
진흙이 거기에 붙지 못하고 묘한 향기 좋은 빛깔 가진 것 같네.
「중아함」

『본생경』에 호미 현인의 이야기가 전한다. 요약하면, 한 출가자
가 세속에서 사용하던 호미를 잊지 못해 출가와 환속을 반복하다가
호미에 대한 집착을 내려놓은 뒤 자유롭게 됐다는 내용이다.

오랫동안 호미 하나로 농사를 짓던 어진 이가 있었다. 그러던 어느
날 그는 세속과 더 이상 인연이 없다고 생각하고선 출가를 결심하
였다. 그러나 정들었던 호미를 버릴 수 없어 깊은 곳에 숨겨 두었
다. 하지만 수행자가 되어서도 그 호미가 그리워 결국 환속하고 말

았다. 그러기를 여섯 차례나 한 호미 현인은 일곱 번째 출가에 앞서 '낡은 호미 하나 때문에 환속하기를 몇 번이던가? 이번에는 큰 강에다 호미를 버리고 출가하자'고 결심한 뒤 강가에 이르러서는 또 다음과 같이 생각하였다.

'만약 호미 빠트린 곳을 알면 장차 돌아와서 또 힘들게 찾으려 할 것이다.'

그래서 호미 현인은 굳은 결심을 이행하려고 눈을 감은 채 호미 자루를 단단히 쥐고선 있는 힘을 다해 머리 위로 세 번 돌린 뒤 곧장 강으로 던져 버렸다. 그런 뒤 "나는 이겼다"를 세 번이나 크게 외쳤는데, 강한 애착에서 벗어난 탓인지 마치 사자가 포효하는 것 같았다.

때마침 반란을 평정하고 돌아오던 그 나라의 왕이 호미 현인의 "나는 이겼다"는 외침을 들었다. 궁금증이 생긴 왕은 그를 불러 "나는 정복자다. 지금 승리하고 돌아오는 길인데, 너는 무엇을 정복한 것인가?" 묻자 호미 현인은 왕에게 이렇게 대답했다.

"왕은 비록 천만 번의 승리를 얻었다 하더라도 번뇌를 정복하지 못한 것이라서 진정한 승리라 하기 어렵습니다"라고 하면서 '이겼다'를 외친 것은 "내 마음의 탐욕을 억제하고 번뇌를 정복하였기 때문입니다"라고 하였다.

집착이 고통의 근원

대체로 누구든지 좋아하는 것은 더 단단히 쥐려고 하지 쉽게 놓으려 하지 않을 것이다. 특히 '이것이 아니면 안 된다' 하는 정도가 지나쳐 집착하는 수준이라면 오히려 자신에게 장애가 될 텐데도 그렇다. 그래서 자신이 애착하는 그 무엇을 이 이야기 속 호미에 빗대어 성찰하는 일이 필요하다. 그러나 정작 고통을 자각하기 전까지는 그것이 번뇌인 줄 모른다. 마치 호미 하나 때문에 출가와 환속을 반복했던 출가자처럼 말이다.

상식적으로 개개인의 취향이 다르다고 보면 집착하는 양상도 다를 텐데 혹시 자신도 모르는 사이 어떤 굴레를 뒤집어쓰고 있지 않은지 살펴보자.

일상을 가만히 돌아보면 애착하는 것이 한두 가지가 아닐 것이다. 특히 이미 소유한 것이나 경험한 것에서 즐거움을 느낀다면 더더욱 그렇지 않을까. 그러나 좋아하는 것을 다 할 수도 없고 또 하면 안 되는 경우도 있기 때문에 자유롭지 못한 상황에 처하기도 한다. 이럴 때의 불만은 욕구와 비례할 것이다. 환언하면 자신이 만든 번뇌로 스스로 고통을 받는 구조다. 그래서 집착이 강할수록 고통도 덩달아 커지는 속성을 두고 '집착은 병의 근본'이라 하였다. 『증일아함』 고락품에 "욕망을 일으킬 때에는 곧 거기에 애착이 생긴다"

하였는데 집착에도 여러 가지가 있다. 그 가운데 이익에 집착하는 양상을 『증일아함』 마혈천자문팔정품에서는 이렇게 말한다.

> 만일 이익에 집착한다면 곧 삿된 소견을 익혀 바른 소견에서 떠나고, 삿된 다스림을 익혀 바른 다스림에서 떠나며, 삿된 말을 익혀 바른 말에서 떠나고, 삿된 업을 익혀 바른 업에서 떠나며, 삿된 생활을 익혀 바른 생활에서 떠나고, 삿된 방편을 익혀 바른 방편에서 떠나며, 삿된 기억을 익혀 바른 기억에서 떠나고, 삿된 선정을 익혀 바른 선정에서 떠나게 된다.

탐욕과 번뇌에서 벗어나야 진정한 승리

마치 쇠에서 난 녹이 쇠를 먹어 치우듯 자신이 만든 번뇌가 자기 자신을 속박한다. 이것이 번뇌의 속성이다. 그래서 호미 현인은 호미에 매여서 자유롭지 못한 자신을 돌아보며 그 번뇌를 제거하고서야 '나는 이겼다' 하였다. 비록 강에 호미를 버렸더라도 집착이 남았다면 '이겼다'고 할 수 없는 것이다. 그러므로 탐욕과 번뇌에서 벗어나는 것이 진정한 승리다. 여기서 우리가 생각해 볼 것은 호미, 즉 집착의 대상이 아니라 그것에 집착하는 자신이다.

호미가 현인에게 자신을 집착하라고 유혹하였을까? 만약 그렇다면 호미에 매달려서 애원하면 된다. 결박을 풀어 달라고. 그런 것이 아니라 스스로 호미를 탐착한 것이라면, 대상을 애착함으로써 도리어 부림을 당하는 것이므로 자기 스스로 그 속박을 풀어야한다.

절에 온 교수

"스님들도
영어를 배우셔야죠"

'겸손下心하면 온갖 복이 저절로 들어온다'는 말이 있다. 경쟁을 일삼는 사람에게는 어떻게 들릴지 모르나 개인적으로 좋아하는 말이다. 이와 관련해서 떠오르는 지난 시절 이야기 하나를 끄집어내면 다음과 같다.

설악산의 어느 유명 사찰에 잠깐 머무를 때였다. 모든 것이 꽁꽁 얼어 버릴 만큼 한파가 매서웠다. 그 정도를 경전 구절을 빌려서 말하면 추위로 고통받는 팔한八寒 지옥 가운데서도 오로지 '호호' 하는 신음 소리만 낸다는 호호파 지옥이었다. 그래서 가급적 대중이 모여야 하는 경우가 아니면 방 밖으로 나가는 것을 극도로 자제하였다. 그리고 행여 칼바람이 문틈으로 비집고 들어오지 않을까 하여

문풍지를 이중 삼중으로 덧댔다. 그렇게 외부 환경과 씨름하던 어느 날 공양 시간에 낯선 거사님 두 분이 눈에 띄었다.

　속으로 '언제부터 계셨지?' 하며 원주 스님께 물었더니만 "두 분 모두 어디라고 하면 다 알 만한 대학교 교수로 며칠 전에 왔다"고 하였다.

공덕 쌓는 이에게는 복이 저절로

　그중 한 분은 A대 교수로 일 년 중 아홉 달은 가정에 헌신했으니 남은 기간은 자기만의 시간을 가지고 싶다며 가족의 양해를 구한 뒤 절에 머무는 것이라 하였다. 그 말을 듣고선 분명하게 표현할 수 없지만 여하튼 수긍이 가서 한번 더 쳐다보았다. 그러던 어느 날 해우소를 청소하는 그 교수를 우연찮게 보게 됐다.

　'대학교수가 화장실 청소라' 의아하게 생각하며 누군가에게 물었더니 "공짜 밥은 영험이 없다"며 시키지도 않은 일을 스스로 찾아서 하는 것이라 했다. 그렇게 매일같이 자신이 정한 방식대로 공덕을 쌓아 갔다. 신분을 앞세워 편하게 지낼 수도 있을 텐데 스스로 자신을 낮추었기 때문에 만 가지는 아니더라도 떡이랑 과일 같은 복이 그 교수에게 저절로 들어갔다.

　또 한 사람은 B대 교수로 A대 교수와 정반대였다. 출가자와 재가자들이 함께하는 공양실 안에서도 절묘하게 중간쯤 자리를 잡고선 스스로 대우받으려 하였다. 그런 모습이 내심 못마땅했지만 그분의 인격이려니 하며 그냥 지나쳤다. 그러다 그 도가 점점 심해지던 어느 날 도반과 필자의 눈이 마주쳤다.

공양을 마칠 즈음 도반 스님이 "교수님, 스님들이 산에 살다 보니 세상 물정만 모르는 것이 아니라 학문도 짧아서 그러니 영어 좀 가르쳐 주실 수 있겠습니까?" 하며 의도적으로 접근하였다. 그러자 교수는 "스님들도 영어를 배우셔야죠" 하며 신난 듯 큰 소리로 답했다.

도반과 미리 말을 맞춘 것은 아니지만 눈빛만으로도 뜻이 통했던 것은 B대 교수의 아만을 조금 건드려 줄 필요성을 공감했기 때문이다. 하여튼 둘은 얼른 방으로 와서 원효 스님의 글을 영어와 한문으로 묶어 한 권으로 만든 책을 꺼내 놓고서는 웃음을 참아가며 기다렸다.

복은 자기 스스로 지어 받는 것

시간이 조금 지나자 밖이 시끄러웠다. B대 교수는 묻는 사람도 없는데 만나는 사람마다 "스님들께 영어 가르쳐 주러 간다"고 큰 소리로 떠들며 방에 들어섰다. 도반이 먼저 영어 문장을 읽고서는 그 내용에 관해 교수에게 물었다. 어쩌면 'be 동사쯤 가르쳐 주면 될 것'으로 생각했을 수 있는 교수는 순간 표정이 굳어져 버렸다. 그러는 사이 이번에는 같은 문장을 한문 원전으로 읽고 그 내용을 물었다. 교수는 헛기침과 동시에 책을 들어 눈에 가까이 댔다 멀리 하기를 반복하였다. 그러고선 "안경을 안 가져와서"라며 방을 나섰다. 그

뒤로 절에서 더 이상 그를 볼 수 없었다.

　복은 자기가 지어 스스로 돌려받는 것이다. 하심의 복도 마찬가
지다.

4장

입을 바르게, 몸을 바르게,
마음을 바르게

부처님의 행동 원리,
존중정법

●

부처님께서는 법을 공경해 바른 법에 의지하셨으니
바른 법을 공경하는 것이 바로 부처님 법이다.
『존중경』

장마를 대비해 먼저 주변 단속을 해 놓고선 이런저런 단상과 함께 차를 마셨다. 그 가운데 한 토막을 장맛비처럼 두서없이 들려드리면 다음과 같다.

세상 사람을 보듬는 의지처依支處라는 입장에서 보면 산사는 세상 밖이 아니라 그 중심이라 할 수 있다. 그리고 그들이 토로하는 번뇌를 들여다보면 '쉬운 것이 하나도 없다'는 생각이 든다. 그렇듯이 출가수행도 녹록치 않다. 그렇다고 억지로 하는 것이 아니라서 누구에게 책임을 전가할 수 없다. 전적으로 본인의 선택에 따라 이뤄졌고 또 자신의 문제이기에 스스로 풀어야 하는 것이 원칙이다.

'삼대가 적선해야 집안에 스님이 나온다'는 말이 있다. 이런 말에 한껏 고무되면 자신이 엄청난 복이라도 지은 것마냥 착각하기도 한다. 예를 들면 신도의 공덕이 담긴 '시주물'을 자기의 복처럼 당연시 여기는 것 등이다. 『소심경』에 나오는 "부족한 (나의) 덕행으로 공양을 받는다"는 게송은 이 같은 교만을 경계하는 말이다. 만약 이 말의 의미를 헤아릴 줄 안다면 그동안 거리낌 없이 받아 쓰던 복을 돌아볼 것이다. 그래서 자신이 수용하는 '그 모든 것이 어디서 왔는가?'를 살폈을 때 '이것은 나의 복이다' 할 만한 것이 과연 얼마나 있을까. 아마 돌아볼수록 자신의 공덕으로는 온전히 수용할 복종자福種子 하나 없음을 알게 될 것이다. 그럴 때 '아라한이라도 복을 지어라' 하는 말은 참회문이 되지 않을까 한다.

이렇게 신심을 다잡을 때 그것을 초심初心이라 하든 말뚝 신심(꾸준하지 않는 신심)이라 하든 어떤 식으로든지 어려움이 따르는 것은 왜일까. 아마도 지혜와 복이 없어서 그런 것이 아닐까.

신념과 현실 사이에서 고민할 때

원칙이나 기본을 내세우면 융통성 없어 앞뒤가 꽉 막힌 사람처럼 치부되고, 처세술을 따르면 신념을 저버린 것같이 회자되기도 한다. 어느 쪽이든 본인의 의지나 신념이 강한 만큼 번뇌도 따를 것이다. 그래서 부처님의 행동 원칙을 궁금해하던 차에 『존중경』에서 다음과 같은 글을 보게 되었다.

> 부처님께서는 법을 공경해 바른 법에 의지하셨으니 바른 법을 공경하는 것이 바로 부처님 법이다.

'정법을 존중하는 것이 부처님의 법이며 행동 원리다'라는 것은, 바꿔 말하면 인기에 급급해서 변통을 부리거나 사적인 감정이나 이해관계에 따라 행동하는 것이 아니라 마땅히 해야 할 것은 하고 하지 말아야 할 것은 하지 않는다는 뜻이다. 이것을 간단히 존중정법尊重正法이라 한다.

'존중정법'에 대해 이야기하는 것은 개인이든 단체든 어떤 문제를 판단하고 결정할 때 예측 가능하고 지속적인 기준이 있어야 하기 때문이다. 그러나 때로는 신념과 이해관계 중 하나를 선택해야만 하는 곤란한 상황에 직면하기도 한다.

바른 법 기준으로 묵묵히 갈 길 가야

개인적인 이야기지만 속가 제자에게 '까칠한 도시의 스님'을 줄인 '까도스'라는 별명을 얻은 것도 원칙을 고수하던 고집스러움 때문이었을 것이다. 그러나 처음 들었을 때 내심 싫지 않았다. 왜냐하면 그 까칠함의 근원과 의미를 그들도 잘 알고, 원칙이나 기본을 지키는 신념은 무엇보다 본인의 의지가 더 중요하기 때문이다. 그러나 때로는 '방편'이나 '시절 인연'과 같은 말로 자신의 결정을 정당화하고 싶은 생각이 드는 것도 사실이다. 이럴 경우 장고하지 않을 수 없는데, 어느 날 지인과 이메일을 주고받다가 그가 둘 중 하나를 선택해야 하는 상황에 직면해 무척 힘들어 한다는 것을 알게 되었다. 그래서 도움이 됐으면 하는 바람에 다음의 글을 보냈다.

"출가자라면 누구나 그렇듯이 이 길에 서 있는 자신을 볼 때 행복하고 자신이 자랑스럽습니다. 그렇기에 그 길에서 만나는 도반도 마냥 좋습니다. 그러니 존중정법으로 묵묵히 자신의 발원을 따라 한 걸음씩 내딛는 정진만이 돌아서서 후회하지 않을 것입니다."

그리고 말미에 개인적인 문제로 고민하다가 써 두었던 짧은 글 하나를 더 보탰다.

"시기와 질투가 일어나는 것은 어리석어서 그런 것이라 여기렵니다. 가끔은 억울하고 화도 나지만 인연을 잘못 지어서 그런 것이라 여기렵니다. 때로 후회나 원망이 없는 것은 아니지만 복을 적게 지어서 그런 것이라 여기렵니다. 처한 현실과 가야 할 곳이 화려하지 않더라도 뒤돌아보거나 다른 곳을 기웃거리지 않으렵니다. 보여 주기 위해 사는 삶이 아니기에 부족하고 힘들어도 지족하렵니다. 마땅히 해야 할 것이면 할 것이고 그렇지 않으면 하지 않으렵니다."

무병장수 하는
아홉 가지 방법

●

사람들이 횡사橫死하는 데 아홉 가지 원인이 있으니
이를 피하면 장수한다.
『불설구횡경』

몸을 가진 이상 생로병사에서 벗어날 수 없으므로 병으로 인한
고통은 당연하다. 그런데 몸이 불편할 땐 바짝 긴장하다가도 조금만
호전되면 무관심해지기도 한다. 사실 건강할 때 몸을 망치는 짓만
골라서 하다가 탈이 나면 그제야 부랴부랴 건강을 챙기는 것이다.

대부분 '무엇과도 비교할 수 없는 자신의 건강'을 위해 다양한
노력을 한다지만 오히려 역행하는 경우도 있다. 그리고 약인지 독
인지도 모르고 좋다면 무엇이든지 일단 먹고 보자는 보신주의자들
과 남들이 하면 무조건 따라 하는 무소신주의자들을 주위에서 쉽게

볼 수 있다. 그들은 "건강을 위해 그러는 것인데 무슨 참견이냐"고 하지만 음식뿐만 아니라 옷 등 모든 것이 자신과 조화를 이룰 때 비로소 빛이 나고 약이 된다.

육체와 정신, 동시에 챙겨야

"환경이고 뭐고 경제만 잘 돌아가면 된다"는 사람과 자리를 함께한 적이 있다. 자연과 생명체가 서로 영향을 주고받는 사실을 환기시키기 위해 "삶의 터전인 환경도 잘 가꿔야 하지 않을까요?" 하자 "오로지 경제만 잘 돌아가면 다른 것은 저절로 이뤄진다"고 하였다. 그러나 경제 역시 삶의 수단으로써 환경 속에서 이뤄지므로 환경을 떠난 경제란 있을 수 없다. 환경과 경제가 서로 떼려야 뗄 수 없는 관계인 것처럼, 건강을 생각할 때도 육체와 정신을 동시에 챙겨야 하는 것이다. 그러면 건강의 당체當體이기도 한 신체를 불교에서는 어떻게 볼까?

분석적인 방법으로 이야기할 때 인체를 포함한 모든 물질色은 그 특성에 따라 사대四大, 즉 지수화풍地水火風으로 나눈다. 지地大는 견고함堅, 수水大는 습함濕, 화火大는 온난함暖, 풍風大은 움직임動이다. 우리의 몸도 이런 사대가 화합한 것이라서 손톱이나 치아는 지, 체액이나 혈액은 수, 온기는 화, 호흡이나 움직임은 풍이다. 이 말은 우주와 자신을 거시적인 관점에서 하나의 유기체로 보는 것이다.

현대 자연과학에서도 신체적 요소와 자연 물질을 같은 범주에서 살피기는 매한가지다. 그러므로 몸 안과 밖의 사대가 원만히 조화를 이룰 때 탈이 없다. 이것은 자연환경을 생각하면 쉽게 이해가 될 것이다. 그러나 사대는 물과 불처럼 서로 성질이 달라 보완도 되지만 침해도 한다. 그리고 어느 한쪽이 과하거나 부족하면 조화가 깨진다. 마치 우리 몸속 수분이 많으면 몸이 붓고 부족하면 탈수증을 일으키는 것처럼 말이다. 『수행본기경』에서는 이러한 관계를 정리하여 "각각의 사대는 각각 백한 가지씩 병이 있어 모두 합치면 사백사병이 된다" 하였다. 이 말은 성질이 다른 사대가 조화롭지 못하여 생기는 인간의 병을 총칭한 것이다.

사람들이 횡사하는 아홉 가지 이유

건강의 장애인 병은 물질 요소뿐만 아니라 마음가짐에 따른 생활 습관에서도 기인한다. 『불설구횡경』에서 "사람들이 횡사橫死하는 데 아홉 가지 원인이 있으니 이를 피하면 장수한다"며 다음과 같이 말한다.

아홉 가지 인연 때문에 수명을 다 마치지 못하고 횡사하게 된다. 첫째는 마음이 내키지 않는데 밥을 먹는 것이고, 둘째는 양을 생각하지 않고 밥을 먹는 것이며, 셋째는 익숙하지 않은 음식을 먹는 것이고, 넷째는 체한 음식을 토해 내지 않는 것이며, 다섯째는 배설을 멈추는 것이고, 여섯째는 계戒를 간직하지 않는 것이며, 일곱째는 악지식惡知識을 가까이하는 것이고, 여덟째는 마을에 때가 아닌데 들어가거나 법답지 않은 행을 하는 것이며, 아홉째는 피해야 할 것을 피하지 않는 것이니, 이와 같은 아홉 가지 인연 때문에 인간의 목숨이 횡사하게 된다. 이와 같은 아홉 가지 인연을 지은 무리들은 사람의 수명을 다하지 못하고 바로 그런 일을 당하는 자리에서 죽을 것이니, 지혜 있는 사람이라면 마땅히 잘 알아서 피해야만 한다. 이러한 인연을 피할 수 있으면 두 가지 복이 있으니, 즉 첫째는 장수하는 것이고, 둘째는 장수함으로써 도道와 훌륭한 말씀을 듣고 또한 행할 수 있는 것이다.

이왕이면 태어날 때의 몸 그대로 건강도 지키고 장수하면 좋겠지만, 그게 어디 쉬운 일인가. 하지만 병이 났다고 무조건 두려워하거나 고통에 떨기보다 『보왕삼매론』의 가르침으로 삶을 되돌아보는 것도 좋을 듯싶다.

몸에 병 없기를 바라지 마라. 몸에 병이 없으면 탐욕이 생기기 쉽나니, 병고로써 양약을 삼아라.

복을 계속
받고 싶다면

●

장자는 과거의 복이 이미 다했는데도 다시 새 복을 짓지 않았다.
마치 농부가 거두기만 했지 씨를 뿌리지 않아서
곤궁하게 살다가 목숨을 마친 것과 같다.
『증일아함』

●

『증일아함』 하고경에 중생의 즐거움과 출가수행자의 기쁨을 비
교한 글이 있다. 먼저 중생의 즐거움을 인용하면 다음과 같다.

만약 세인들이 돈이 붙게 되고 금 은 진주 유리 수정들이 다 붙게
되며 목축과 미곡 그리고 부리는 사람이 또한 붙게 될 때 쾌락하고
기뻐하나니 그로 인해 세인은 쾌락과 기쁨이 많을 것이다.

중생은 새 복 지어야 복락 이어져

얼핏 봐도 세속 생활에서 추구하는 것들이다. 이왕이면 빈궁한 것보다 풍족한 것을 좋아할 텐데, 이미 물질이 세간 생활의 바탕이라면 그것을 따르는 것은 자연스러운 일이다. 음식을 예로 들면 '중생은 먹음으로써 그 목숨을 보존하므로 먹으면 살고 먹지 않으면 죽는다'는 사실을 잘 알기에 먹을 것이 많을수록 좋아한다. 그래서 얼리고 말리고 가루 내고 뭉치거나 즙 내고 담가서 여기저기 두고 수시로 먹는다. 음식이 이러하니 그 이외의 것은 굳이 말하지 않아도 알 것이다. 하여튼 여러 즐거운 과보를 누리는 것은 그런 복을 지었기 때문이지만 그 복락이 끊이지 않게 하는 것이 더 중요하다. 이와 관련한 가르침이 『증일아함』지주품에 나온다.

어느 장자가 아들도 없이 병들어 죽자 관례대로 국가에서 그의 재산을 모두 거둬들였다. 그 가운데 순금만 팔만 근이나 되었다. 그런데도 그가 생전에 먹던 음식은 매우 거칠고 옷은 때가 묻어 더러웠으며 타는 말은 매우 여위고 약했다. 그 이유를 부처님께서 다음과 같이 말씀하셨다.

"대개 인색하고 탐욕이 많은 사람은 재물을 가지고도 잘 먹지 못할 뿐만 아니라 부모, 처자 등에게도 주지 않으며 벗이나 가까운 곳도 돌보지 않기 때문이다."

그러면서 공덕 쌓는 것을 곡식에 비유하셨다.

"장자는 과거의 복이 이미 다했는데도 다시 새 복을 짓지 않았다. 마치 농부가 거두기만 했지 씨를 뿌리지 않아서 곤궁하게 살다가 목숨을 마치는 것과 같다. 그것은 지은 곡식을 먹기만 하고 새 종자를 심지 않았기 때문이다. 저 장자도 그와 같이 과거의 복을 받기만 하고 새 복을 짓지 않았다."

출가자의 즐거움은 구함이 없는 것

출가란 재가와 상대하는 말로서 세속의 쾌락이나 번잡한 생활에서 벗어나 수행자의 청정한 행위를 오롯이 닦는 것이다. 그런 출가의 기쁨을 『증일아함』 하고경에서 다음과 같이 말한다.

집을 나와 도를 배우는 사람의 행위가 욕심과 성냄과 어리석음을 따르지 않으면, 그때 출가하여 도를 배우는 사람은 쾌락하고 기뻐하나니, 그로 인하여 출가하여 도를 배우는 사람은 쾌락과 기쁨이 많을 것이다.

윗글 어디에 세속적인 욕심을 조금 끼워 넣으려고 해도 틈이 보이지 않는다. 속세의 쾌락과 출가의 기쁨이 확연하게 다르기 때문이다. 그렇다면 도를 익히는 사람의 기쁨이 어떤 것인지 『잡아함』 무소구경의 글에서 살펴보자.

> 큰 힘을 가진 자재한 즐거움 그것은 곧 구함이 없는 것이다. 만일
> 욕심내어 구하는 것이 있으면 그것은 괴로움이요 즐거움이 아니
> 다. 구하는 것에서 이미 벗어났으면 그것은 곧 즐거움이다.

재가와 출가의 기쁨을 간략하게나마 나눠 보았다. 요약하면 재
가에서는 정당한 방법으로 부귀영화를 마음껏 누리는 것을 즐거움
으로 삼고, 출가는 그렇지 않은 것으로 즐거움을 삼는 것이다.

우리 시대의
무소유 정신

●
범부들은 물질의 모임과 물질의 멸함과
물질의 맛과 물질의 근심과 물질을 떠나기를 참답게 알지 못한다.
참답게 알지 못하기 때문에 물질을 사랑하고 찬탄하며
거두어 가지고 물들어 집착한다.
『잡아함』

불자들과 함께 『금강경』을 본 적이 있다. 어느 날 한 분이 "경전에서 맨날 있다 했다가 없다 하고, 또 없다 했다가 있다고 해서 헷갈립니다"라고 말하는 바람에 폭소가 터졌다. 그분의 솔직한 심정처럼 '있다有'와 '없다無'에 걸려 알듯 말듯 서로를 탁마琢磨(갈고닦음)하면서 강좌를 마칠 즈음 이번에는 다른 한 분이 "경전을 다 봤는데 그 어디에도 잘 살게 된다는 말은 없네요" 하면서 푸념하였다. 그것을 계기로 '잘 산다'는 개념에 대해 서로 이야기를 나누게 되었다.

'잘 산다'는 것에 대해 "삶의 질과 관련 있다"는 언급도 있었지만 대부분 물질의 풍족한 소유를 곧 잘 사는 것으로 여기는 듯하였다. 속내를 다 드러내지는 않았지만 행복이 물질의 소유와 불가분의 관계라는 것에 이의를 제기하는 사람이 없었다.

무상의 이치 깨달아 물질에 대한 집착 버려야

사정이 이러했는데 물질이나 현상을 덧없는 것으로 보라고 하였으니 얼마나 허전하고 서운하였을까.『금강경』에 "무릇 형상相이 있는 것은 모두 허망하다"는 말이 있다. 그것은 조건을 따라 생멸하는 유위법이라서 그렇다.『금강경』의 표현을 빌려서 다시 말하면 다음과 같다.

모든 유위법은 꿈 허깨비 물거품 그림자 이슬 번개 같으니 이렇게 관찰하라.

'어떻게 하면 지금보다 더 많은 재물을 가질 수 있을까?' 골몰하는 분에게 '모든 존재는 무상無常하다'고 하면 현실과 요원한 말로 들릴 것이다. 이 말인즉 '물질의 실체를 바로 보라'는 뜻인데도 말이다. 그래서 짧게나마 물질의 본질과 가치를 말하지 않을 수 없었다.

먼저 재물을 달리 이르는 말인 물질에 대해 '여러 조건이 어울려 생성되며, 그 가치는 부여되는 것이다' 하는 식으로 설명했으나 다들 속 시원한 표정이 아니었다. 마치 '수행 생활을 위해서도 최소한의 물질이 필요한데 삶의 큰 동력인 물질을 어떻게 덧없는 것으로 여긴단 말입니까?' 하는 의구심 같은 눈빛이라 할까. 그래서 '혹시 무상의 개념을 잘못 이해하는 것은 아닐까?' 하는 생각에 다시 설명하자 그때서야 고개를 끄덕이기 시작하였다. 참고로 무상이란 상주常住와 대칭되는 말로 모든 존재나 현상은 변화한다는 사상적 입장이지 물질 그 자체를 부정하거나 허무의 심정적 표현이 아니다. 현상이나 물질은 인연을 따라 생멸변화하기에 마치 허공의 구름과도 같다고 할 수 있다. 티 없이 맑은 하늘에 한 점 구름 일었다 어느새 사라지는 것에 집착한들 잡을 수 있을까. 『잡아함』 유류경에 이런 말이 있다.

범부들은 물질의 모임과 물질의 멸함과 물질의 맛과 물질의 근심과 물질을 떠나기를 참답게 알지 못한다. 참답게 알지 못하기 때문에 물질을 사랑하고 찬탄하며 거두어 가지고 물들어 집착한다. (중략) (그러나) 다문多聞 제자는 물질의 모임과 물질의 멸함과 물질의 맛과 물질의 근심과 물질을 떠나기를 참답게 안다. 참답게 알기 때문에 그 물질을 사랑하거나 찬탄하거나 거두어 가지거나 물들어 집착하지 않는다.

현상이나 물질을 본질적 입장에서 보면 조건에 따라 생성되고 소멸하므로 아무리 집착하더라도 원하는 대로 유지하거나 갖지 못한다. 즉 모든 존재는 인연을 따라 변화한다는 무상의 이치를 경전에서 물거품이나 번갯불 등에 비유한 것이다. 그러므로 영원하지 않은 것에 집착해서 괴로워하기보다 물질이나 현상의 본질을 파악해서 그로부터 자유로워지라는 것이 무상의 가르침이기도 하다. 달리 말하면 물질이나 현상에 부림을 당하는 것이 아니라 부리라는 의미다. 이처럼 속박에서 벗어난 삶이 바로 잘 사는 것이라 할 수 있다.

이웃과 나누려는 마음이 우리 시대 무소유

한편 '무소유의 참다운 견해를 갖는 것보다 덧없는 것을 영원히 소유하려는 집착이 더 어렵지 않을까요?' 말하고 싶었으나 꺼내지 않았다. 그러나 혹자는 무소유가 사상적 견해에서 시작된 개념이라는 것을 간과한 나머지 글자 그대로 해석하거나 현실적 소유의 부정으로 여기기도 한다. 하여튼 이 같은 무소유의 개념을 자리이타自利利他(자신과 남을 이롭게 하는 것)와 연관시켜 신행적인 측면에서 이야기하면 이렇다.

물질의 본질을 알고 소유를 고집하지 않음으로써 대상에 대한 집착이 사라진 무소유의 의미를 제대로 이해한다면 본인의 노력으로 쌓은 공덕自利에도 천착하지 않을 것이다. 그렇게 되면 이기적인 자리自利에서 벗어나 나와 남이라는 구분 없이 더불어 이로움利他을 실천할 수 있다. 따라서 표면적으로 물질이 없는 상태가 무소유가 아니라 무상과 자비를 바탕으로 서로 나누는 것이 바로 이 시대를 살아가는 불자들의 무소유 정신이다.

말이
말다워야 말이지

●

망령된 말을 하지 말며 거짓말을 즐기지 말아야 한다.
말하는 내용이 지성至誠하며 말이 진실하며
전하는 바가 도리에 맞으며 말이 시기에 적합해야 한다.
『점수일체지덕경』

『본생경』에 거짓말 때문에 큰 고통을 받은 사람의 이야기가 있다.

시골 상인과 도시 상인은 서로 친구 사이였다. 어느 날 시골 상인이 도시 상인에게 호미 오백 자루를 맡겼다. 그러자 호미가 탐난 도시 상인은 이를 몰래 팔아 많은 돈을 혼자 챙겼다. 그런 뒤 호미가 있던 창고에 쥐똥을 뿌려 뒀다. 얼마 후 시골 상인이 맡겨 두었던 호미를 찾으러 오자 도시 상인이 정색하며 말했다.

"여보게 이를 어쩌나? 창고에 사는 쥐들이 자네의 호미를 죄다 먹어 치워 버렸네."

그러면서 쥐똥만 가득한 빈 창고를 보여 줬다. 시골 상인은 친구가 자신을 속인다는 것을 알았지만 당장 어떻게 해볼 도리가 없었다. 그렇게 도시 상인의 집을 나설 때 뜰에서 놀던 친구의 아들을 봤다. 그는 잠시 생각을 하다가 그 아들을 꾀어 자기 집으로 데려갔다.

이튿날 시골 상인이 다시 도시 상인을 찾아왔다. 그러자 아들을 잃어버린 도시 상인이 펄펄 뛰며 시골 상인에게 말했다.

"자네가 내 아들을 데려간 것을 알고 있네. 내 아들을 어디에 뒀나?"

이때 시골 상인이 대답했다.

"자네 아이를 데리고 강에 목욕하러 갔었네. 그런데 물에 들어갔다가 나와 보니 매가 아이를 낚아채서 하늘로 날아가 버리지 뭔가. 그러니 낸들 어쩌겠나."

시골 상인의 변명에 도시 상인은 더욱 화를 내며 말했다.

"거짓말이네. 매가 어떻게 아이를 낚아채서 날 수 있는가?"

그렇게 옥신각신하다가 결국 두 사람은 재판정에 서게 되었다. 재판관이 사건의 전말을 들은 다음 두 사람에게 말했다.

"쥐가 호미를 먹었다면, 매가 아이를 채갈 수도 있다. 그러니 서로 잃은 것을 돌려줘라."

말에 대한 중요성은 아무리 강조해도 지나치지 않다. 동서고금

을 막론하고 말과 관련된 격언이 많은 것도 그런 이유일 것이다. 그러면 말은 어떻게 해야 하는 것일까. 『대집경』에 '진실'과 '진실한 말'에 대해 부처님께 여쭙는 내용이 있다.

"진실이란 무엇입니까?"

"진실에 세 가지가 있으니 부처님과 자신과 사람들을 속이지 않는 것이다."

"그러면 진실한 말이란 어떤 것입니까?"

"말을 많이 하지 않고, 말을 조심하고, 거친 말을 쓰지 않는 것이 진실한 말이다."

진실한 말, 착하게 주고받아야

말은 기본적으로 사실에 기초해야 한다. 우리의 말은 생각이나 행동 또는 어떤 사실을 내포하기 때문이다. 그래서 '사회적 약속이다' 하지 않는가. 따라서 말이 제 기능을 다하려면 최소한 사실에 부합해야 한다. 그러므로 '하지 않은 것은 하지 않았다. 한 것은 했다'고 하면 된다. 그런데 이런 기초적인 사실조차 진실성 운운할 정도의 의문이 생긴다면, 그 말은 말로서의 가치를 갖기 어렵다(그럼에도 그 말에 따르는 책임은 따질 수 있다). 그런 면에서 종종 언론에 비치는 '진실 공방'을 볼 때면 탁한 공기와 겹쳐 답답한 느낌이 들곤 한다.

곳곳에서 쏟아 내는 말들이 각계각층을 거치면서 재생산될 때, 말 그대로 '말 많은 세상'에 사는 것을 실감하곤 한다. 잘라 놓은 김밥같이 또는 버무려 놓은 깍두기처럼 전혀 이어지지 않을 것 같은 말들이 '폭로'나 '소문'에서 '여론'으로 탈바꿈할 때다.

'말이 착하고 정당하면 천 리 밖에서도 호응하고, 그렇지 못하면 천 리 밖에서도 어기려 든다'는 말이 있다. 말하는 방법에 따른 파급 효과까지 아우른 말이다. 이처럼 말은 화합과 분열이라는 이중성을 동시에 가진다. 한마디 말이 상대를 적이나 친구로 만들 수도 있기 때문이다. 자신이 거짓말을 하면 타인도 할 수 있기에 내 말이 바른 뒤에야 다른 사람의 비난을 피할 수 있다. 오고 가는 말이 서로 정직하다면 다툴 일이 줄어들 것이다. 이와 관련해 『정행경』의 글을 떠올려 본다.

> 눈을 바르게 하며, 귀를 바르게 하며, 코를 바르게 하며, 입을 바르게 하며, 몸을 바르게 하며, 마음을 바르게 하라.

"보살의 묘한 법의 나무는 바르고 곧은 마음의 땅에서 난다"는 『화엄경』에 빗대어 앞의 말을 요약하면 '정직'의 중요성을 강조한 것이라 할 수 있다. 그러나 중생심에서는 자신의 이익에 따라 지조를 굽히고 아첨하는 경우도 볼 수 있다. 이와 관련해 『보운경』에서는 다음과 같은 말을 전한다.

무엇이 위의威儀를 꾸미는 일인가? 시주를 만날 때, 시선을 떨어뜨리고 천천히 걸어서 고양이가 쥐를 엿보듯 함이니, 이것은 몸으로 하는 아첨이다. 무엇이 입으로 하는 아첨인가? 이득을 위해 부드러운 말과 정다운 말, 남이 좋아하는 말을 하는 일이다. 무엇이 마음으로 하는 아첨인가? 입으로는 만족할 줄 알아야 한다고 하면서도, 마음은 항상 탐욕을 지녀 속이 늘 타고 있는 일이다.

스승과 제자가
서로를 대하는 법

●

제자가 마땅히 다섯 가지로 스승에게 공경하고 봉양하느니라.
무엇이 다섯 가지냐 하면
반드시 듣는 데 자세히 하며, 배움을 좋아하며, 일에 있어서 민첩하며,
허물이 없게 하며, 스승을 공양하는 것 등이니라.
『선생경』

학창 시절을 떠올리면 겹겹이 포개진 기억들이 동시다발로 떠오른다. 특히 입학식 날 이름표 뒤에 덧댄 하얀 손수건이 코를 닦는 용도인 줄 모르고 소매에다 문지르던 세대라면 학창 시절이 아련할 것이다. 그래서인지 가끔 교정을 지나칠 때면 일이 없어도 쳐다보곤 하는데 그것은 꿈을 담아 둔 곳이라서 그럴까, 얼굴마저 잊어버린 친구가 생각나서일까.

담을 사이에 두고 초등학교와 마주하던 대구의 어느 절에 있었

을 때의 일이다. 새 학기가 시작될 즈음 어떤 문제를 논의하기 위해 절 옆의 학교를 방문하였다. 학사의 긴 복도를 걷는 동안 이런저런 단상이 떠올랐는데 교장실 명패를 보는 순간 다시 학생이라도 된 듯 옷매무새를 매만졌다.

흔히 그렇듯이 교장 선생님 하면 무서운 '호랑이 선생님'을 연상하기 마련인데 그와 달리 인자한 인상이셨다. 조심스럽게 서로 얘기를 나누는 동안 속으로 자꾸만 어릴 적 뵈었던 선생님이 떠올랐다. 그때는 선생님이 너무 엄하게만 느껴져 먼발치에서 얼른 인사하고 도망치듯 피했다. 지금 느끼는 이런 편안함을 그때 알았더라면 그 따뜻한 품에 '선생님' 하면서 안겨 봤을 텐데 말이다.

제자는 스승의 말씀을 잊지 않고

교장 선생님의 품위 있고 따뜻한 말씀에서 『선생경』의 내용이 떠올랐다. 무턱대고 하늘에다 예배하던 '선생'이라는 청년에게 부처님은 그 무의미한 행동에 대해 다음과 같이 말씀하신다.

> 탐욕과 성냄과 두려움과 어리석음, 이 네 가지의 그릇된 행위를 하는 사람은 그의 명예가 날로 줄어들기가 마치 달이 그믐을 향하는 것 같다. 그러나 탐욕과 성냄과 두려움과 어리석음 이런 악행을 짓지 않는 사람은 그 명예가 날로 더해 가기가 마치 달이 보름을 향

하는 것 같다.

그러면서 인간 윤리에 대해 여러 가르침을 베푸셨는데 그 가운데 스승과 제자의 관계도 언급하셨다.

제자가 마땅히 다섯 가지로 스승에게 공경하고 봉양하느니라. 무엇이 다섯 가지냐 하면 반드시 듣는 데 자세히 하며, 배움을 좋아하며, 일에 있어서 민첩하며, 허물이 없게 하며, 스승을 공양하는 것 등이니라.

스승은 가르침에 인색하지 않아야

그리고 다시 스승도 다섯 가지 방법으로 제자를 보살필 것을 말씀하셨다.

스승도 또한 다섯 가지로 제자들을 가르치느니라. 그 다섯 가지라함은 배울 것을 배우도록 해 주며, 기능을 다하여 가르쳐 주며, 배움에 민첩하게 하며, 좋은 도에 인도하며, 좋은 벗을 가리어 사귀게 하는 것 등이니라.

교정에서 들려오는 아이들의 재잘거림과 함께 훌륭한 교육자를 뵙고 나자 들어올 때의 무거운 마음과 달리 칭찬 들은 아이마냥 걸음이 한결 가벼워졌다. 그렇게 교문을 빠져나오면서 이런 생각을 해봤다. '학교의 운동장이 모든 아이를 키워 내는 곳이라면 교실은 그 아이를 가르치는 곳이다. 학교가 그러하듯이 사찰은 사람들의 신심을 키워 내고 법당은 부처님의 가르침을 제대로 전하고 있을까?'

'옥을 쪼지 않으면 그릇을 만들 수 없고 사람은 배우지 않으면 도를 알지 못한다'는 말이 있다. 교육의 중요성을 말하는 것이다. 부처님이 사십오 년간 펼친 설법도 사람을 사람답게 만드는 교육적 관점에서 볼 수 있다. 그것을 간단히 말하면 '범부의 마음을 고쳐서 성인이 되게 하는 것革凡成聖'이다.

이야기의 방향이 다르지만 요즘 뜬금없는 '수저' 논란에 한마디 덧붙이고자 한다. 논란 내용은 이미 널리 알려진 것이라서 생략하지만 출신 배경으로 서로를 평가하고 평가받을 이유가 없다. 각자의 삶은 스스로 만들어 가는 것이기 때문이다. 이에 대해 길게 말하는 대신 『잡아함』 손타리경의 내용으로 빗대면 다음과 같다.

어떤 종족인가 그것을 묻지 말고 어떤 일을 행하느냐고 물어라. 나무도 베어 비비고 비비면 거기에서도 불이 나나니 천하고 낮은 종족에서도 숭고한 성자가 생기느니라.

선은
효도만 한 것이 없다

●

선의 최상은 효도보다 큰 것이 없고
악의 최악은 불효보다 큰 것이 없다.
『인욕경』

오월 하면 음력 '단오'가 떠오른다. 주지하다시피 일 년 가운데 양기가 가장 왕성한 날이라 해서 큰 명절로 여겨 왔고 지금도 곳곳에서 다양한 행사가 열린다. 그 가운데 단오날 금정산 고당봉에서 고당제를 지내는 범어사의 오랜 전통은 지금도 이어지고 있다.

외국의 축제 중에서도 오월제五月祭(May Day)가 있다. 하지만 현대에서는 계절을 세분한 절기 대신 기념일에 더 비중을 두는 것 같다. 달력을 보면 여름을 알리는 '입하立夏'보다 근로자의날, 어린이날, 어버이날, 스승의날, 부처님오신날 등이 먼저 들어오기 때문이다.

달콤한 단팥빵과 하얀 우유의 기억이 생생한 어린이날, 붉은 카네이션이 생각나는 어버이날, '스승의 은혜'를 목청껏 부르던 스승의날, 아름다운 연등이 떠오르는 부처님오신날 등 여러 기념일이 있지만 사실 생각해 보면 매일매일 '그날'이 아닌 날이 없다. 그러나 이런저런 이유로 그 본래의 의미를 잊은 채 지내는 것은 아닌지 모르겠다. 아무런 감동 없이 의무처럼 치러지는 기념일 행사를 보면 그렇다는 말이다.

부모의 살생 그치게 하는 것도 자식의 도리

'어버이날'에 부르던 '낳으실 제 괴로움 다 잊으시고 (중략) 어머님의 희생은 가없어라'라는 가사의 의미를 떠올리면 누구든지 가슴이 찡할 것이다. 훈련병 시절 조교들이 일명 '눈물 고개'에서 이 노래를 시키던 기억도 새롭다. 덩치만 컸지 천지도 모르면서 부모 속을 썩히던 것을 뉘우치기라도 하듯 눈물과 콧물 그리고 땀이 범벅되어 악을 써 가며 목이 터져라 부르던 노래, 그 노래의 참모습이 『아속달경』에 잘 드러나 있다. 그것은 부모와 자식 간의 도리를 한꺼번에 아우르는 것으로 '어린이날'과 '어버이날'에 동시에 새겨 봐야 할 참된 내용인 것 같다.

부모가 자식을 낳아 젖을 먹여 양육하고 키우는 것은 커서 일월의 빛을 보게 하려는 것이요, 부모가 천하의 만물을 자식에게 보여 주는 것은 선악을 알게 하려는 것이다.

자식은 한 어깨에 아버지를 지고, 다시 한 어깨에 어머니를 짊어지고서 수명이 마친 뒤에야 그치며, 또한 하늘 보물 명월주 옥구슬 유리 산호 금수에게서 자연히 나온 흰 구슬을 모두 몸에 걸쳐드리더라도 부모의 은혜는 갚을 수 없는 것이다.

부모가 살생을 좋아하거든 자식은 부모에게 간하여 다시 살생을 하지 않게 하며, 부모가 악한 마음이 있거든 자식은 항상 간하여 항상 착한 것을 생각하고 악한 마음을 가지지 말게 하며, 부모가 어리석고 지혜가 적어 경經과 도道를 알지 못하거든 불경을 알려드리며, 부모가 탐하고 질투하거든 자식은 순한 말로 간하며, 부모가 선악을 알지 못하거든 자식은 차차 순한 말로 고하여야 한다.

자식은 마땅히 이렇게 하여야 한다. 사람의 자식이 되어서 부모보다 좋은 의복을 입으려고 하고 부모보다 맛있는 음식을 먹으려 하며 말을 할 때에 부모 위로 올라가려 하면 죽은 뒤에 지옥에 들어가는 것이다. 사람의 자식이 되어서는 효성으로 순종하며 부모를 섬겨야 한다. 이렇게 행하는 사람은 죽어서 천상에 난다.

'도반을 섬긴다'고
말하는 이유

●

선지식은 곧 불도佛道 수행의 절반이라는 그런 말을 하지 말라.
왜냐하면 무릇 선지식이란 불도 수행의 전부이기 때문이니라.
그는 함께 종사하며 인도해서 좋은 길을 보여 주기 때문이다.
『증일아함』

언제 들어도 마음을 편하게 하는 말 가운데 하나가 도반道伴이다.
흔히 '불도를 닦으면서 사귄 벗' 정도로 설명되지만 현실에서는 그
이상의 의미가 있다. 그래서인지 정기적인 도반 모임만큼은 다들 열
일 제쳐 놓고서라도 동참하려 한다. 모여서 거창하게 논강論講하듯
이 불도를 논하는 것은 아니지만 곁에 있는 모습만으로도 수행의 자
량이 되기 때문이다.

좋은 벗은 도道의 전부

수행자에게는 '서로를 살펴 불도로 나아가는 벗의 은혜를 잊지 않겠다'는 덕목이 있다. 그러나 수행은 완성이 아니라 과정이기에 서로 시기하고 갈등도 한다. 하지만 '도반'이라는 한마디는 모든 것을 포용한다. 싫든 좋든 모두 승가의 구성원이기 때문이다. 이런 도반의 외연을 넓히면 절친한 관계가 아니더라도 같은 길에 서 있는 누군가를 또 도반이라 부를 수 있다. 그래서 도반의 도반 식으로 따지면 도반 아닌 관계가 없다. 사회에서는 이것을 인맥이라 하겠지만 지인으로 형성된 유대 관계와 친구는 분명 다른 개념이다. 사회에서는 친구를 친구라 부르지만 수행자는 친구를 '선지식'이라 한다. 그 이유를 『증일아함』 구중생거품에서 인용하면 다음과 같다.

> 존자 아난께서 세존께 아뢰었다. "이른바 선지식이란 곧 불도 수행의 절반입니다. 왜냐하면 좋은 길로 인도해 '번뇌 없음'에 이르게 하기 때문입니다."
> 이 말을 들으신 부처님께서 아난에게 말씀하셨다.
> "선지식은 곧 불도 수행의 절반이라는 그런 말 하지 말라. 왜냐하면 무릇 선지식이란 불도 수행의 전부이기 때문이니라. 그는 함께 종사하며 인도해서 좋은 길을 보여 주기 때문이다. 나 역시 선지식으로 말미암아 위없는 깨달음을 이뤘고, 그 도의 결과를 이룸으로써

이루 다 헤아릴 수 없는 중생을 제도해 태어남, 늙음, 병듦, 죽음을 면하게 한 것이니라. 이 사실로 보면 선지식은 불도 수행의 전부임을 알 수 있느니라. 만일 선남자 선여인이 선지식을 가까이한다면 믿음, 들음, 기억, 보시, 지혜가 모두 늘 것이다. 이런 사실로 보더라도 선지식은 곧 불도 수행의 전부라는 사실을 알 수 있느니라."

위의 글을 요약하면 좋은 벗이란 완전한 불도의 수행이며, 그런 수행자를 가까이함으로써 깨달음을 이룰 수 있다는 것이다. 달리 말하면 '좋은 벗'이란 이 도道의 반半이 아니라 전부라는 뜻이다. 그래서 경전에서 도반을 사귄다는 표현 대신 섬긴다고 하는 것인지 모르겠다. 흔히 이런 이야기를 들으면 그런 도반이 주위에 없나 둘러볼 것이다. 그러나 곰곰이 생각할수록 번뇌만 쌓일 수도 있으니 찾지 말고 반대로 '나는 누구에게 그런 도반이 되었을까?' 돌아보는 것이 어떨까.

나는 선지식인가, 악지식인가

정직하고 덕행이 있어서 바른 길로 잘 인도하는 사람을 좋은 벗善友 또는 선지식이라 하지만 이와 반대로 삿된 길로 이끄는 악지식惡知識도 있다. 『잡아함』선악지식경에 다음과 같은 말이 있다.

악지식, 즉 나쁜 도반을 따르는 것은 아직 생기지 않은 삿된 견해는 생기게 하고, 이미 생긴 삿된 견해는 거듭 생겨나게 해 더욱 많아지게 하며, 아직 생기지 않은 바른 견해는 생기지 못하게 하고, 이미 생긴 바른 견해는 사라지게 하느니라.

인생을 살다 보면 여러 사람을 만난다. 그 가운데는 선지식도 악지식도 함께할 것이다. 자신 역시 누군가에게는 선지식, 또 다른 누군가에게는 악지식으로 비춰질 수 있다. 그러므로 자기 자신을 살필 때에는 황소가 지나다닐 만큼 너른 아량을 베풀면서도, 다른 누군가를 판단할 때는 바늘 하나 꽂기 어려울 만큼 국량局量을 줄이지는 않았는지 살피는 여유도 필요하다.

원수를
친구처럼 대하는 법

●

두 가지 법은 세상 사람들이 버리는 것이다.
미워하는 이와 만나는 것과 사랑하는 이와 헤어지는 것이다.
이것은 사람들이 즐거워하는 것이 아니다.
「증일아함」

위의 내용은 『증일아함』 선지식품을 간추린 내용이다. 그 가운데
'미워하는 이와 만나는 것'을 고통이라 하는데, 그 이유는 좋아하지
않는 대상과 몸이나 마음이 회합함으로써 괴로움이 일어나기 때문
이다. 이와 관련해 『불설오왕경』을 인용하면 다음과 같다.

어떤 것이 원수와 미운 이를 만나는 괴로움인가? 세상 사람들은
인색한 풍속에서 함께 애욕을 구하고 살면서 서로 싸우고 급박하
지 않은 일에도 서로 죽여 드디어 큰 원수가 되나니, 서로 피하려

해도 숨을 곳이 없다. 칼을 갈고 살촉을 갈며 활을 끼고 몽둥이를 지니며 만날까 두려워하다가 우연히 좁은 길에서 만나면 활을 꺼내 화살을 겨누며 두 칼은 서로를 향하여, 누가 이기고 누가 질지를 알지 못하나니 그때를 당하면 두렵기가 한량이 없다.

증오와 사랑, 모두 욕망으로 인한 것

경박한 중생이 하필이면 애욕을 두고 함께함으로 다툼이 일어난다는 말에 고개가 끄덕여진다. 마치 약육강식의 구조에서 욕망으로 서로 갈등하고 분쟁하며 각자도생하는 것 같기 때문이다. 그것이 싫다고 혼자 살 수도 없는 노릇이다. 그러므로 이왕이면 좋은 사람과 함께하고 싶을 것이다. 하지만 사랑하는 이와 영원히 행복하게 살고 싶어도 또한 헤어지기 마련이다. 이처럼 좋아하는 것과 이별할 때 느끼는 고통을 『불설오왕경』을 인용하면 이렇다.

어떤 것이 은혜하고 사랑하는 이와 이별하는 괴로움인가? 안팎 가족과 형제, 처자가 서로 그리워하다가 하루아침에 패망하여 남에게 노략질과 겁탈을 당하여 뿔뿔이 흩어져서, 아버지는 동쪽으로 아들은 서쪽으로 어머니는 남쪽으로 딸은 북쪽으로 갈라져 남의 종이 되고, 각자 슬퍼 부르면 간장이 끊어지며 아득하고 멀어서 서로 만날 기약이 없다.

사랑하고 미워하는 것도 우리 삶의 한 단면이다. 상대를 항상 좋아할 수도 그렇다고 영원히 미워할 수도 없다. 그래서 일반적으로는 감정을 따라 좋아하고 미워하며 울고 웃는 과정에서 미운 정 고운 정 들며 한평생을 보낸다. 그 속엔 연인도 있다. 상식선에서 이야기하면 연인이 곧 가족이 되겠지만 어딘지 모르게 어감에 묘한 차이가 있다. 굳이 글로 표현하면 '가족의 사랑'과 '연인의 사랑'인데 그 미묘함은 각자의 몫으로 남겨 두더라도 '사랑愛'이 곧 '미움憎'이라서 친구가 원수로 바뀌기도 한다. 이런 이유를 앞서 인용한 경전을 따르면 모두 욕망 때문이다. 그러나 욕망으로 말미암아 생긴 '원수'나 '친구'를 평등하게 대하라는 가르침도 있다.

욕망의 악순환 끊는 평등심

평등하게 대한다는 것은 원수나 적에게 증오나 원한을 품지 않으며, 사랑하는 것에 집착하지 않는 상태로서 그 바탕은 자비다. 아무리 그렇더라도 '어떻게 원수와 친구를 평등하게 대할 수 있을까?'라는 의문을 가질 수 있다. 실현 가능성의 여부는 '의지' 문제인 것 같다. 그것은 다음과 같은 사실 때문이다. 이와 관련해 『경덕전등록』에는 다음과 같은 이야기가 전해진다.

육조혜능 선사 입적 후 그의 두상을 몰래 가지려고 법구를 훼손한

도적이 있었다. 그자를 붙잡은 관리는 곧바로 형벌을 가하지 않고 먼저 선사의 제자들에게 "어떻게 처단할까?" 하고 의향을 물었다. 그러자 문도인 영도 선사는 "국법으로 논하면 사형이 마땅하나 부처님의 가르침은 자비로서 원수와 친함이 평등합니다. 다만 선사를 모시려고 한 것이니 죄를 용서해 주소서" 하였다고 한다.

악지식은
'악'을 알게 하는 스승

●

원수를 갚으려거든 선으로 갚고
악으로 헐뜯거나 해치지 말라.
『잡보장경』

『화엄경』의 입법계품은 웬만한 사람이면 다 아는 유명한 이야기다. 그 가운데 선재동자가 구도求道 과정에서 만난 '선지식'을 보면 '부처님'에서부터 '중생'에 이르기까지 다양하다. 부처님이야 그렇다 치더라도 그들을 한결같이 '선지식'으로 부르는 것은 중생으로 하여금 악을 버리고 선을 닦으며 불도佛道에 들어서도록 했기 때문이다. 그러나 이런 선지식에게도 장애가 있는데 이것을 선지식마魔라 한다. 그것은 스스로 증득한 법에 집착하고 아끼는 마음에 사로잡혀 타인을 개도開導하지 않는 것이다.

나를 바른길로 이끄는 선지식

한편 선지식의 인도로 불도에 들어서서 자신도 누군가를 바른길로 이끌기도 할 것이다. 『마하지관』에서는 선지식을 그 역할에 따라 세 종류로 나눈다. 먼저 수행자를 보호해서 불편함 없이 안온하게 수도케 하는 외호外護 선지식, 둘째 수행에 관해 서로 독려하는 동행同行 선지식, 셋째 빼어난 방법으로 가르침을 나누는 교수教授 선지식이다.

출·재가를 막론하고 오로지 불도 수행에만 전념하는 분들이 있다. 이들은 대체로 자신의 문제로부터 수행을 시작하기에 그 과정이나 정도를 겉으로 잘 드러내지 않는다. 다만 서원誓願을 힘 삼아 묵묵히 정진할 뿐 사념적으로 시비 분별을 논하거나 명리를 두고 누구와 경쟁하며 이익을 취하려고도 하지 않는다. 또 비록 선행을 하더라도 자신을 내세우지 않으며 타인의 악행을 보더라도 그 상대를 증오하지 않기에 보기에 따라서 방관자나 암묵적 동의자로 비춰질 수도 있다. 그러나 『육조단경』의 "모양에서 모양을 떠난 것相而離相이며, 생각에 있어서 생각하지 않는 것念而不念"이란 말에 비춰 보면 그 의미는 확연히 달라진다.

법당에서 부처님께 앙망仰望하며 속으로 '출가 생활에 왜 이리 갈

등이 많고 번잡할까?' 심하게 고민하던 적이 있었다. 이 문제를 해소하기 위해 나름 작은 원도 세워 봤지만 얼마 못 가서 어그러지기를 반복하였다. 그러다 『신심명』에서 마음에 와 닿는契合 구절을 보았다.

미워하고 사랑하는 것을 그치면 막힘이 없어 명백하리라.

이것을 으레 하는 말 정도로 지나쳤다가 다음 구절에 이르러 그간 번잡했던 이유를 알게 되었다. 그 내용은 다음과 같다.

말이 끊어지고 생각이 끊어지면 통하지 않는 곳이 없다.

그 해결 방법을 계속 『신심명』 구절로 말하면 다음과 같다.

얻고 잃음과 옳고 그름을 일시에 놓아 버려라.

중생은 자기를 중심에 두고 애증愛憎으로 분별하다가 행여 순역심順逆心이 생기면 그 가운데 간택심揀擇心으로 취사한다. 마음을 쓰더라도用心 '하되 집착이 없어야行而不着' 하는데 그렇지 못하므로 자연히 접촉하는 것마다 집착하는 것이다. 알음알이는 번잡함이 되고 시비 분별은 갈등으로 변한다는 사실을 알면서도 좀처럼 그런 태도를 바꾸지 못하는 이유도 여기에 있을 것이다.

때로는 악지식도 반면교사

상대의 사악한 짓을 보면서 분노가 일어났을 때 어디서부터 시작해서 어떻게 마무리되는지 그 본말을 살핀 적이 있다. 주지 않는 것을 교묘한 방법으로 뺏으려고 거짓말하는 상대를, 예전 같으면 정의를 앞세워 판단했겠지만 측은한 마음으로 찬찬히 바라본 것이다.

물론 상황에 따라 '그릇된 것을 깨뜨려 바른 것을 드러낸다'는 파사현정破邪顯正의 자세로 바로잡으려는 노력도 필요하다. 반면 공부로 삼아야 할 때도 있는데 그것은 인과응보의 도리가 인연을 따라 순리대로 드러나는 이치를 살피는 것이다. 어느 것이든 악한 감정을 갖는 순간 상대가 만들어 놓은 악연惡緣의 늪에 빠져 같이 허우적거리게 된다. 『잡보장경』에 나오는 다음 구절을 곰곰이 살펴야 하는 이유 가운데 하나도 화를 앞세우면 본질에서 벗어나기 때문이다.

지혜로운 이는 원수를 갚되 사랑으로 하느니라.
원수를 갚으려거든 선으로 갚고 악으로 헐뜯거나 해치지 말라.

악행을 일삼는 자를 악지식이라 하는데 가만히 생각해 보면 그의 악행으로 말미암아 그것이 나쁜 짓인 줄 알게 되기도 한다. 이 같은 관점에서 보면 그를 악에 대한 선지식이라 부를 수 있다. 상대의 악행을 보면서 '나는 저러지 말아야지'라고 생각한다면 말이다. 그리고 사악한 악지식이 마치 선지식처럼 행세하더라도 있는 그대로 자세히 살피면 그의 실체를 바로 볼 수 있다. 그것은 그가 『장아함』 아누이경에 나오는 승냥이 같기 때문이다.

승냥이가 사자를 자처해 스스로 짐승의 왕이라 하지만 사자처럼 포효해 봐도 결국엔 승냥이 소리만 나왔다네. 홀로 빈 숲속에 살면서 스스로 짐승의 왕이라 자처해 사자처럼 포효했지만 결국엔 승냥이 소리만 나왔다네. 땅에 꿇어앉아 구멍 속의 쥐를 찾고 무덤을 파며 죽은 송장을 찾고 있구나. 사자처럼 포효했지만 결국엔 승냥이 소리만 나왔다네.

서로 공감하는
설법을 하려면

●

네가 선근의 인연이 있었기에 내 일부러 이곳에 온 것이고
내가 이미 이곳에 와 있거늘 너는 왜 달아나려고 하느냐.
마땅히 여기에 있어야 하니 비록 지금 너의 몸이 더럽다 해도
마음에는 최상의 선한 법이 있어 수승하고도 미묘한 향기가 몸에서 풍겨 나고 있으니
스스로 비천하게 여기지 말지어다.
『대장엄론경』

　　길을 걷다 생각지도 못했던 부처님佛像을 뵐 때면 행복하다. 특히
험난한 곳을 지날 때면 안심이 된다. 암석에 새겨진 부처님 형상을
문화재로만 보는 분들에게도 그런 감정이 있는지 모르겠지만 '부처
님이 세상에 계셨을 때 길에서 직접 뵙는 것이 이런 느낌이 아닐까?'
하는 생각이 들어서다.

　　그럴 때 여러 조건이 갖춰지면 경전의 내용처럼 공손히 예를 표
하고 한쪽에 물러나 앉아서 궁금한 것을 여쭤 보곤 한다. 물론 불상
이나 탑이 답할 일은 없지만 말이다. 그런데도 경전에서 하듯이 따

라 하는 것은 부처님 말씀을 직접 듣는 것처럼 느끼고 싶어서다.

한때 방에 두 개의 경상經床(경전을 두는 상)을 거리를 두고 마주 보게 편 뒤 각각의 경상에다 똑같은 경전을 두고 보았다. 부처님을 마주 뵙고 법문을 듣는 것처럼 여기고 싶어 그렇게 한 것인데, 경전의 말씀에 항상 삼배를 올릴 수 있던 것은 아니었다.

특히 선사의 어록을 볼 때면 글이 가리키는 곳을 몰라 헤매기 일쑤였다. 경전 속 어려운 한자의 뜻을 찾고 주석을 참고하더라도 답답함이 남는 경우가 허다했는데, 예를 들면 『금강경오가해』의 야부송과 같은 종류의 글이 그랬다.

"꾀꼬리 울음과 제비 지저귐이 비슷하니, 전 삼과 더불어 후 삼을 묻지 말지어다."

위와 같은 글은 뜻을 함축한 것이라서 간결하고 멋스럽다. 그래서 심정적으로는 좋지만 '말하고자 하는 뜻', 즉 '낙처落處'를 모르면 억측하고 동문서답하기 십상이다.

이처럼 그 뜻을 몰라 해답을 찾거나 괴로운 마음에 위로를 받고자 부처님께 예를 갖춘 뒤 "세존이시여, 여래의 가르침은 무엇입니까?" 하고 여쭈었을 때 부처님이 "착하도다. 잘 들어라. 너를 위해서 말하리라. 말의 길이 끊어지고 마음의 작용이 미치지 못하는 경지다" 하는 식으로 하셨다면 상대는 어땠을까.

상근기上根機(이해하고 실천하는 능력이 뛰어난 사람)들이야 부처님 말씀과 이심전심했다는 표현으로 주위를 세 바퀴 돌거나 절을 하겠지만, 그렇지 못하면 번뇌만 하나 더 늘어날 것이다. 이처럼 부처님이 어떤 분이신지, 또 부처님 말씀의 내용이나 관점을 모르는 사람에게 느닷없이 '삶은 고통이다' 하면, 그 말을 들은 상대가 '예' 하면서 순순히 받아들일까, 아니면 '힘들지만 즐거움도 있어서 그럭저럭 살 만한데 왜 고통이라 하지?'라고 되물을까.

부처님처럼 상대의 상황과 능력 고려해야

부처님은 상대를 고려하지 않은 가르침보다 상황이나 능력에 맞게끔 법을 펴서 스스로 이해하게끔 하셨는데 여러 경전에서 그런 사실을 볼 수 있다.『불본행집경』에는 이런 내용이 있다.

같이 놀던 사내들이 잠들자 그들의 값진 물건을 훔쳐서 달아난 여인이 있었다. 잠에서 깬 뒤 이 사실을 알게 된 남자들은 잃어버린 물건을 되찾고자 그 여인을 찾아 온 숲을 헤매다가 부처님을 뵙게 되었다.

그들은 먼저 부처님께 예를 갖춘 뒤 "세존이시여, 혹시 이러이러한 여인을 본 적이 없으십니까?"라며 자초지종을 말씀드리자 부처님께서 이르셨다.

"지금 그대들은 자신을 찾는 것이 중요한가? 아니면 그 여인을 찾는 것이 중요한가?"

그러자 "자신을 찾는 것이 더 중요한 일입니다"라고 하였다.

그렇다면 "선남자들이여, 편히 앉으라. 내 이제 너희들을 위해 법을 설하리라" 하시며 차례대로 법을 설하시며 중생들을 자애롭게 어루만져 주셨다.

『대장엄론경』의 불가촉천민 니제尼提의 이야기는 생각할수록 가슴이 뭉클해지는 내용이다.

부처님이 계셨을 당시 인도 사회는 신분제였으며 불가촉不可觸이란 상대하면 안 된다는 뜻으로 니제는 똥치기 천민이었다.

어느 날 길에서 부처님을 뵌 니제는 '더러운 냄새가 나는 똥통을 지고서 어떻게 부처님을 뵐 수 있는가?' 하며 부끄러워서 다른 길로 피하려고 하였으나, 세존께서는 평등한 마음으로 그를 버리지 않으셨다. 그러자 니제는 놀랍고 두려운 마음에 '만약 너무 가까이 간다면 그 죄가 더욱 깊고도 무거울 것이다' 하면서 또 피하려고 뒷걸음질 치다가 그만 똥장군이 벽에 부딪혀 똥물을 뒤집어쓰고 말았다.

그는 부끄럽고 괴로워서 '전에는 비록 냄새나고 더러웠어도 똥장
군에 담겨져 있었으나, 이젠 그것마저 부서져 이 추악한 더러움이
다 드러나고 말았다'며 자신을 책망하는 사이 다시 세존을 뵙자 부
끄러움에 몸을 웅크렸지만 숨거나 피할 곳이 없어서 합장하고 땅
을 향해 이렇게 말하였다.

"여래께서 지금 저를 다시 가까이하려고 하시지만 몸이 너무 더러
워서 세존께 가까이 갈 수 없사오니 바라건대 이 몸을 숨길 수 있도
록 조금이라도 길을 열어 주소서."

니제의 말을 들으신 부처님께서는 사랑과 미움이 끊어진 평등한
마음으로 손을 들어 그를 가리키며 다음과 같이 말씀하셨다.

"네가 선근의 인연이 있었기에 내 일부러 이곳에 온 것이고 내가
이미 이곳에 와 있거늘 너는 왜 달아나려고 하느냐. 마땅히 여기에
있어야 하니 비록 지금 너의 몸이 더럽다 해도 마음에는 최상의 선
한 법이 있어 수승하고도 미묘한 향기가 몸에서 풍겨 나고 있으니
스스로 비천하게 여기지 말지어다."

길에서
만난 사람

하이힐 신은 여인들

'힐 자국 남을까
조심조심'

늦가을 산사에 비가 자주 내렸다. 덕분에 잠깐 동안이나마 일상의 소임에서 벗어나 혼자 차를 우려내는 여유를 가질 수 있었다.

산사의 멋 가운데 하나는 비 오는 날이다. 차향茶香을 따라 도량으로 눈길을 돌리자 비에 젖은 낙엽과 기왓장에서 떨어지는 낙수가 새로운 느낌으로 다가왔다. 그런 풍경을 '한 폭의 수채화 같다'는 묵은 표현 말고 달리 비유할 재주가 없어 안타까워하며 이런저런 망상을 즐겼다.

여인들이 먼 길을 돌아온 이유

표현력이 부족하다 보니 느낌을 글로 나타내기 어렵지만 계절에 따른 비의 단상은 다른 것 같다. 봄비는 기운을 돋우는 뭔가가 있는 것 같고 여름비는 생각 그대로 시원하다. 그리고 늦가을의 비는 탈색된 낙엽에 다시 선명한 색감을 입히는 것 같고 겨울비는 앙상한 가지에 반짝이는 방울을 다는 것 같다. 하여튼 이런 식으로 감정의 선을 따라 망상을 부리며 한가로움을 즐기는데 젊은 여성 두 분이 정중하게 합장 반 배하며 도량 안으로 들어섰다. 그들의 모습은 여느 참배객과 크게 다르지 않았으나 법당으로 향하는 동선만큼은 달랐다.

사찰 입구에 들어선 대부분의 사람은 곧장 마당을 가로질러 법당 쪽으로 향하는데 그들은 처마 끝을 따라 우산으로 빗물을 튕기며 걸었다. 마치 아이들 장난처럼 말이다. 그런 모습에 호기심을 느끼며 얼음땡처럼 한 손에 찻잔을 들고 시선을 그들에게 고정시켰다. 그러다 법당 앞 계단을 오르는 그들의 신발을 보는 순간 흐뭇함이 빗방울처럼 번졌다.

여성들이 즐기는 하이힐을 신은 그들은 비가 와서 질어진 마당에 힐 자국이 남을까 일부러 돌아가는 수고를 마다하지 않았던 것이다. 생각이 여기에 미쳐서는 즐거운 상상을 곁들여 봤다.

'저 분들의 가족이나 지인들은 얼마나 행복할까? 자신의 사소한 행동마저 신경 쓸 정도면 주위 분들도 비슷한 인품이겠지?'

자신의 귀함을 알고 또 그에 걸맞은 행동이나 말을 한다면 세상 사람들도 그를 귀하게 여길 것이다. 불교적 관점에서 말하면 규범(계)을 잘 지켜서 그런 것이라 할 수 있다. 이것을 불교의 실천 덕목인 계정혜戒定慧 삼학三學과 연결시키면 다음과 같다.

지혜慧를 갖춘 사람은 마음이 산란하지 않아서定 언행에 품위가 있고 위의가 올바르다戒. 그런데 지구상에 칠십억 명 정도가 살지만 모두 그렇지는 않을 것이다. 그렇더라도 우리는 각자 칠십 억 분의 일이라는 귀한 숫자에 해당된다.

내가 귀하면 타인 역시 귀하다는 논리를 들먹이지 않아도 서로 가 귀한 존재다. 그런데도 일상의 무게나 다듬어지지 않은 습관에 함몰되어 그런 사실을 망각할 뿐만 아니라 타인의 귀함까지도 잊은 것은 아닌지 뒤돌아볼 일이다.

늘 자신이 벗어 둔 신발을 뒤돌아봐야

본인은 좋은 마음이라 하지만 겉으로 드러나는 행동이나 언어적 표현이 그렇지 못한 경우도 있다. 그렇다면 온전히 그 마음을 드러 내기 어렵다. 특히 말이 앞서는 경우도 있을 텐데 말은 행동의 내용 이며 행동은 말의 표현이기에 신중해야 한다.

이런 관점에서 일상에서 쉽게 들을 수 있는 풍요, 행복, 건강 등 의 바람을 돌아보면 어떨까. 누구든지 바라는 소원이 얼마나 진실 한가는 본인만이 알겠지만 생각과 반대로 행동할 수도 있기 때문이 다. 경전에 "스스로 수행하지 않을 뿐만 아니라 타인까지 괴롭힌다" 는 말이 있다. 많은 사람이 이런저런 이유로 종교 생활을 한다. 수행 이나 기도 등은 아름답기 그지없이 승화된 행위지만 간혹 정리되지 않은 언행 때문에 자신과 타인을 동시에 힘들게 하기도 할 것이다. 이것을 살필 줄 안다면 '자기가 벗어 놓은 신발을 뒤돌아보라'는 뜻도 헤아려 볼 수 있을 것이다.

범수 스님과 함께 읽는 부처님 말씀

사는 게 내 맘 같지 않을 때 힘이 되는 말

초판 1쇄 발행 2017년 3월 30일
    2쇄 발행 2017년 5월 20일
지은이 범수

펴낸이 오세룡
기획·편집 박혜진 이연희 박성화 손미숙 손수경 최은영 김수정
디자인 김경년(dalppa@naver.com)
    고혜정 김효선
홍보·마케팅 이주하
펴낸곳 담앤북스
    서울시 종로구 사직로8길 34(내수동) 경희궁의 아침 3단지 926호
    대표전화 02)765-1251 전송 02)764-1251 전자우편 damnbooks@hanmail.net
    출판등록 제300-2011-115호
ISBN 979-11-87362-71-5 (03220)

이 도서의 국립중앙도서관 출판예정도서목록(CIP)은 서지정보유통지원시스템 홈페이지(http://seoji.nl.go.kr)와
국가자료공동목록시스템(http://www.nl.go.kr/kolisnet)에서 이용하실 수 있습니다. (CIP제어번호 : CIP2017006265)

정가 14,000원